AF546932

AUS DEN FILMEN ZU

Harry Potter™

TEATIME IN HOGWARTS

AUS DEN FILMEN ZU

Harry Potter™

TEATIME IN HOGWARTS

KÖSTLICHE REZEPTE AUS DER ZAUBERWELT

MIT INHALT AUS PHANTASTISCHE TIERWESEN

Texte von Jody Revenson

Rezepte von Veronica Hinke

INHALT

ZAUBERHAFTE SÜSSIGKEITEN, SNACKS UND GASTGESCHENKE

JEDE MENGE MAGISCHES GEBRÄU

EINLEITUNG

Die Harry-Potter-Filme sind durch und durch britisch: So gut wie alle Rollen wurden mit britischen Schauspielerinnen und Schauspielern besetzt, sämtliche Drehorte befinden sich in Großbritannien – und immer wieder sind typisch britische Spezialitäten zu sehen, etwa die klassischen Knallbonbons bei den Weihnachtsfesten in Hogwarts.

In den Phantastische-Tierwesen-Filmen verlässt Newt Scamander Großbritannien und bereist auf seinen Abenteuern verschiedenste Städte. Dabei stiehlt sein Niffler Teddy, der von glänzenden Gegenständen wie magisch angezogen wird, in Paris eine Phiole von Gellert Grindelwald. Zurück in Hogwarts überreicht Newt die Phiole Dumbledore, der dem Niffler als Belohnung eine Tasse Tee anbietet. (Newt besteht allerdings auf Milch – und rät Dumbledore, die glänzenden Teelöffel in Sicherheit zu bringen!)

Apropos Tee: Vermutlich gibt es wenig, was so durch und durch britisch ist wie der traditionelle Nachmittagstee, bei dem klassisch auf einer Porzellan-Etagere allerlei süße Köstlichkeiten und herzhafte Häppchen serviert werden.

Die Ursprünge des britischen Nachmittagstees gehen auf Königin Victoria zurück, die mit ihren Hofdamen oft am späten Nachmittag Tee und Häppchen gegen den kleinen Hunger zu sich nahm. Bald wurde diese Zwischenmahlzeit auch außerhalb des königlichen Haushalts zum nachmittäglichen Ritual, bei dem man Klatsch und Neuigkeiten austauschen konnte.

Da Tee und Häppchen im Salon der Königin auf niedrigen Tischen serviert wurden, nannte man diese Art des Nachmittagstees Low Tea (von „low" für „niedrig"). Daneben gab es den High Tea, bei dem auch deftige warme Gerichte serviert wurden, sowie den Cream Tea mit Scones und Clotted Cream. Und beim Royal Tea wurde traditionell Champagner oder Sherry gereicht.

Was bei einem klassischen Nachmittagstee natürlich nie fehlen darf: ein klassisches Teeservice mit Tassen, Untertassen, Desserttellern, einer Teekanne, einer Zuckerdose und einem Milchkännchen. Und natürlich gibt es auch eine Tee-Etikette: So sollte der Tee etwa immer in einer Hin-und-her-Bewegung und nicht im Kreis umgerührt werden – woran sich ausgerechnet die sonst so korrekte Dolores Umbridge vom Zaubereiministerium nicht hält!

Dieses Kochbuch enthält zahlreiche von der magischen Welt Harry Potters inspirierte Rezepte für süße Köstlichkeiten, herzhafte Häppchen und leckere Drinks, die selbst die siebte Herzogin von Bedford gutgeheißen hätte. Und man muss nicht wie die Wahrsagelehrerin Sybill Trelawney in Teeblättern lesen, um sagen zu können, dass der Zauber des Nachmittagstees mit Sicherheit ein unvergleichlicher Genuss für alle Harry-Potter-Fans wird!

KAPITEL EINS

ALLERLEI SÜSSE KÖSTLICHKEITEN

„FUDGE MUSS SEIDENSCHNABEL SEHEN, BEVOR WIR IHN HIER WEGBRINGEN, SONST GLAUBT ER NOCH, HAGRID HÄTTE IHN BEFREIT."

Hermine Granger
zu Harry Potter

Harry Potter und der Gefangene von Askaban

V ✦ ERGIBT:
12 MADELEINES

HAGRIDS KÜRBISMADELEINES

In *Harry Potter und der Gefangene von Askaban* muss der Hippogreif Seidenschnabel in Hagrids Kürbisfeld auf seine Hinrichtung warten – vor der ihn Harry und Hermine mithilfe eines Zeitumkehrers zum Glück retten können. Mit den Formen, in denen die kleineren Kürbisse für Hagrids Kürbisfeld entstanden, wurden später auch die kürbisförmigen Schokoladenkuchen für das große Dessertfest in *Harry Potter und der Feuerkelch* hergestellt.

Diese von klassischen Madeleines inspirierten Leckerbissen erinnern an Hagrids Kürbisfeld. Sie haben ein tolles Kürbis-Zimt-Aroma und außerdem die perfekte Größe, um mit Puderzucker bestäubt als kleine Leckerbissen beim Nachmittagstee gereicht zu werden.

125 g Butter, geschmolzen und abgekühlt, plus 1 EL für die Form

155 g Mehl, plus 1 EL für die Form

2 Eier (L)

185 g Zucker

115 g Kürbispüree

1 TL gemahlener Zimt

½ TL gemahlener Kardamom

½ TL gemahlene Muskatnuss

1 Prise Salz

1 EL Puderzucker

BESONDERES ZUBEHÖR

Madeleine-Backform

Den Backofen auf 190 °C vorheizen.

Die Vertiefungen der Madeleineform mit geschmolzener Butter auspinseln. Dabei darauf achten, dass die Butter in alle Rillen verteilt wird, und anschließend mit Mehl ausstäuben. Dafür verwendet man am besten die Finger.

Eier und Zucker in eine große Schüssel geben und mit dem Handrührgerät auf niedrigster Stufe verrühren.

Kürbispüree, Zimt, Kardamom, Muskat, Salz, Mehl und Butter dazugeben und mit einem großen Löffel unterrühren, bis alles gut vermischt ist.

Je etwa 2 EL Kürbismasse in die Vertiefungen der Backform geben und die Madeleines 15–20 Minuten backen, bis sie an den Rändern leicht Farbe annehmen.

Die Madeleines aus dem Backofen nehmen und in der Form auf einem Kuchengitter abkühlen lassen. Die abgekühlten Madeleines vorsichtig aus der Form stürzen und mit Puderzucker bestäuben.

Die Madeleines halten sich in einem luftdicht verschließbaren Behältnis bei Zimmertemperatur 3–4 Tage.

V ✦ ERGIBT:
20–25 PĄCZKI

JACOB KOWALSKIS POLNISCHE PĄCZKI

Pączki (Aussprache: *Pontschki*, in der Einzahl: Pączek bzw. *Pontschek*) sind kleine, wunderbar luftige polnische Krapfen. Als der No-Maj Jacob Kowalski in *Phantastische Tierwesen und wo sie zu finden sind* bei der Steen National Bank in New York um einen Kredit für die Eröffnung einer Bäckerei ansucht, öffnet er stolz einen Koffer mit selbst gemachten Backwaren, die den Bankangestellten von der Geschäftsidee überzeugen sollen. Im Koffer befinden sich auch Pączki, die Jacob nach dem Rezept seiner Großmutter zubereitet hat.

Für Dan Fogler, der Jacob Kowalski verkörpert, war es Schicksal, die Rolle eines Bäckers zu übernehmen. „Ich wusste bereits einiges über den Beruf und damit die Rolle, denn mein Großvater war Bäcker", erklärt der Schauspieler. „Er war bekannt dafür, die besten Pumpernickel in ganz New York zu backen."

Traditionell werden Pączki mit Hagebuttenkonfitüre gefüllt, aber im Grunde sind der Fantasie keine Grenzen gesetzt: Köstlich schmecken sie auch mit anderen Marmeladen, Lemon Curd und Pudding – oder mit dieser raffinierten Rum-Rosinen-Füllung.

ZUTATEN FÜR DIE RUM-ROSINEN-FÜLLUNG

555 g Rosinen

500 ml Rum

185 g Honig

„KOSTEN SIE VON DEN PĄCZKI, OKAY? EIN REZEPT MEINER GROSSMUTTER. DIE ORANGENNOTE IST … *SEUFZ*"

Jacob Kowalski

Phantastische Tierwesen und wo sie zu finden sind

ZUBEREITUNG DER RUM-ROSINEN-FÜLLUNG

Rosinen und Rum in ein luftdicht verschließbares Behältnis geben, gut verrühren und die Mischung mindestens 1 Stunde oder noch besser über Nacht abgedeckt im Kühlschrank ziehen lassen.

Die Rosinen-Rum-Mischung und den Honig in einen kleinen Topf geben und zum Kochen bringen. Anschließend die Temperatur etwas reduzieren und die Mischung unter ständigem Rühren 4–5 Minuten köcheln lassen, bis sie von der Konsistenz her an Konfitüre erinnert. Den Topf von der Hitze nehmen und die Mischung unabgedeckt etwa 1 Stunde abkühlen lassen.

FORTSETZUNG AUF SEITE 16

FORTSETZUNG VON SEITE 15

FÜR DIE PĄCZKI

465 g Mehl, plus 300 g für die Arbeitsfläche

60 g Zucker

1 Päckchen Trockenhefe (7 g)

½ TL Salz

180 ml Milch

60 g Pflanzenfett

2 Eier (S, Zimmertemperatur)

¼ TL weißer Rum

2,5 l Pflanzenöl zum Frittieren, plus ¼ TL für die Schüssel

BESONDERES ZUBEHÖR

Zuckerthermometer

rundes Ausstechförmchen (Ø 5–7,5 cm)

Spritzbeutel mit großer Tülle (Ø 1–1,5 cm)

PĄCZKI

315 g Mehl, Zucker, Trockenhefe und Salz in die Rührschüssel einer Küchenmaschine geben und mit dem Teighaken gut verrühren.

Milch, Pflanzenfett und 60 ml Wasser in einen mittelgroßen Topf geben und erwärmen, bis die Mischung eine Temperatur von 52 °C erreicht (zum Messen ein Zuckerthermometer verwenden!). Dann den Topf von der Hitze nehmen. Die Mischung sollte keinesfalls heißer als 52 °C sein, damit die Hefekulturen nicht abgetötet werden!

Die Milchmischung zur Mehlmischung geben und mit dem Teighaken auf mittlerer Stufe etwa 1 Minute unterrühren. Die Küchenmaschine ausschalten und mit einem Spatel etwaiges Mehl von den Seitenwänden der Rührschüssel nach unten schieben. Das restliche Mehl (150 g) dazugeben und etwa 1 Minute unterrühren. Dann die Eier dazugeben und etwa 1 Minute unterrühren. Anschließend den Rum dazugeben und ebenfalls etwa 1 Minute unterrühren. Der Teig sollte feucht und sehr klebrig sein.

Die Arbeitsfläche mit 150 g Mehl bestäuben, den Teig daraufgeben und etwa 5 Minuten kräftig kneten. Dieser Schritt ist besonders wichtig, denn so wird die Hefe gleichmäßig verteilt. Beim Kneten den Teig immer wieder mit dem Handballen vom Körper weg kräftig auf die Arbeitsfläche drücken und dann zum Körper hin falten. Darauf achten, dass nicht zu viel Mehl in den Teig eingearbeitet wird.

Eine große Schüssel mit Pflanzenöl auspinseln. Das Pflanzenöl zum Frittieren in einen großen, schweren Topf geben. Den Teig zu einer Kugel formen und in die mit Öl ausgepinselte Schüssel geben.

Den Teig vorsichtig in der Schüssel wenden, bis er rundherum mit einer feinen Schicht Öl überzogen ist. Die Schüssel mit einem Geschirrtuch abdecken und den Teig an einem trockenen, warmen Ort (nicht in der Nähe von Fenstern, Klimageräten oder dem Kühlschrank, falls dieser öfter geöffnet wird), idealerweise neben einem warmen Ofen, etwa 1 Stunde gehen lassen. Nicht wundern: Der Teig geht dabei nur leicht auf.

Zum Ausrollen des Teigs die Arbeitsfläche mit dem restlichen Mehl (150 g) bestäuben. Den Teig auf die Arbeitsfläche geben und mit der Faust mittig einmal kräftig in den Teig drücken, um die durch die Hefe gebildeten Gase entweichen zu lassen.

Den Teig anschließend etwa 12 mm dick ausrollen. Mit einem runden Ausstechförmchen (ø 5–7,5 cm) so viele Teigkreise wie möglich ausstechen, diese mit einem Geschirrtuch abdecken und etwa 1 Stunde auf der Arbeitsfläche gehen lassen. Auch dieses Mal geht der Teig nur leicht auf.

In der Zwischenzeit das Öl zum Frittieren auf 190 °C erhitzen (zum Messen wieder das Zuckerthermometer verwenden!). Das Öl darf keinesfalls heißer sein, sonst können die Pączki außen verbrennen, während der Teig innen noch roh ist.

Jeweils 3–4 Teigkreise in das heiße Öl geben und von beiden Seiten 1–2 Minuten frittieren, bis sie rundherum goldbraun sind.

Die Pączki mit einem Schaumlöffel aus dem heißen Öl nehmen und auf einer mit Küchenpapier ausgelegten großen Platte abkühlen lassen.

Wenn die Pączki und die Rum-Rosinen-Füllung abgekühlt sind, geht es ans Füllen. Dafür die Rum-Rosinen-Füllung in einen Spritzbeutel mit runder Tülle geben, mit einem kleinen Messer ein Loch in die Unterseiten der Pączki stechen und jeweils etwa 1 EL Rum-Rosinen-Füllung hineinspritzen.

Die Pączki halten sich in einem luftdicht verschließbaren Behältnis bei Zimmertemperatur 2–3 Tage.

„DESHALB MÖCHTE ICH GERN GEBÄCK HERSTELLEN. DAS MACHT DIE MENSCHEN GLÜCKLICH."

Jacob Kowalski

Phantastische Tierwesen und wo sie zu finden sind

HOGWARTS-TAUGLICHE BRATAPFEL-SCONES MIT SCHLAGSAHNE UND MINZE

In den Harry-Potter-Filmen werden zahlreiche Feste in der Großen Halle ausgerichtet. Für die Begrüßung der Gäste aus Durmstrang und Beauxbatons zum Trimagischen Turnier in *Harry Potter und der Feuerkelch* überlegte sich Ausstatterin Stephenie McMillan etwas ganz Besonderes: ein Dessertfest. Einige der dabei servierten Köstlichkeiten waren tatsächlich essbar, bei anderen handelte es sich um Nachbildungen. So wurde sichergestellt, dass die Leckerbissen auch nach längerer Zeit im starken Scheinwerferlicht noch appetitlich aussahen.

Scones waren schon zur Zeit Königin Victorias ein Muss beim Tee – und sie wären auch für das Dessertfest beim Trimagischen Turnier perfekt geeignet gewesen, denn sie hätten dem heißen Scheinwerferlicht problemlos standgehalten. Der Teig wird mit wunderbar aromatischen Bratapfelstücken verfeinert und in Form von Kuchenstücken gebacken. Mit Schlagsahne und frischer Minze serviert sind diese mundgerechten Happen einfach unwiderstehlich!

ZUTATEN FÜR DIE BRATAPFELMISCHUNG

1 mittelgroßer Apfel, Kerngehäuse entfernt, geschält und in etwa 1 cm große Stücke geschnitten (etwa 125 g)

60 g Rohrohrzucker

Saft von ½ Zitrone

60 g Butter

FÜR DIE SCONES

465 g Mehl, plus mehr für die Arbeitsfläche

3 TL Backpulver

½ TL Natron

½ TL Salz

250 g Butter, in kleine Stückchen geschnitten

1 Ei

250 g Joghurt

½ TL Vanilleextrakt

2 TL Milch

1 TL Zucker zum Bestreuen

FÜR DIE SCHLAGSAHNE

480 g Schlagsahne

125 g Zucker

¼ TL frisch gepresster Zitronensaft

ZUM GARNIEREN

6–8 frische Zweige Ananasminze

✦ HINTER DER MAGIE ✦

Stephenie McMillans Lieblingssüßigkeiten waren die Eismäuse und die Schokoladenhasen, die aus Kuchen in Form von Zylindern hüpften.

ZUBEREITUNG DER BRATAPFELMISCHUNG

Den Backofen auf 200 °C vorheizen und ein Backblech bereitstellen. Apfelstücke, Rohrohrzucker und Zitronensaft in eine große Schüssel geben, gut vermischen und mindestens 1 Stunde ziehen lassen.

Die Apfelstücke in eine Backform geben, Butterflöckchen darüber verteilen und 15–20 Minuten backen, bis die Apfelstücke weich und goldbraun sind, dabei alle 5 Minuten umrühren.

Die Bratapfelmischung aus dem Backofen nehmen und auf Zimmertemperatur abkühlen lassen.

SCONES

Mehl, Backpulver, Natron und Salz in eine große Schüssel geben und gut vermischen. Die Butterstückchen dazugeben und mit den Händen in die Mehlmischung einarbeiten, bis eine grob-bröselige Mischung entsteht. Das Ei, den Joghurt und das Vanilleextrakt dazugeben und gut verkneten.

Zum Garnieren der Scones etwa 80 g der abgekühlten Bratapfelmischung in eine kleine Schüssel geben und beiseitestellen. Die restliche Bratapfelmischung zum Teig geben und diesen nochmals gut verkneten.

Die Arbeitsfläche mit 2 EL Mehl bestäuben, den Teig auf die Arbeitsfläche geben und nochmals kurz verkneten.

Den Teig mit den Händen zu einem etwa 23–25 cm großen Kreis formen. Den Kreis in acht Kuchenstücke schneiden, diese ohne Backpapier auf das Backblech geben, mit Milch bestreichen und mit Zucker bestreuen.

Die Scones etwa 15 Minuten backen, bis sie goldbraun sind.

SCHLAGSAHNE

Sahne, Zucker und Zitronensaft in der Küchenmaschine oder in einer großen Schüssel mit dem Handrührgerät erst 2–3 Minuten auf niedrigster Stufe halbsteif schlagen – dann spritzt die Sahne nicht so sehr, wenn man stärker rührt. Anschließend auf die höchste Stufe schalten und die Sahne sehr steif schlagen.

Die Bratapfel-Scones lauwarm mit jeweils einem großzügigen Löffel Schlagsahne, etwas Bratapfelmischung und frischer Ananasminze garniert servieren.

Die Scones halten sich in einem luftdicht verschließbaren Behältnis bei Zimmertemperatur 3–4 Tage. Die Schlagsahne hält sich in einem luftdicht verschließbaren Behältnis im Kühlschrank 1–2 Tage.

„LASST DAS FEST BEGINNEN!"

Albus Dumbledore

Harry Potter und der Stein der Weisen

V ✦ ERGIBT:
24 KNUSPERECKEN

PROFESSOR TRELAWNEYS KNUSPERECKEN

In der ersten Unterrichtsstunde von Sybill Trelawney steht für Hogwarts-Schüler im dritten Schuljahr Traumdeutung auf dem Stundenplan. Emma Thompson, die die Wahrsagelehrerin verkörpert, beschreibt ihren ersten Auftritt als „den wohl vorhersehbarsten und billigsten Lacher aller Zeiten", denn gerade als Trelawney über ihr „Inneres Auge" spricht, stößt sie gegen einen Tisch. Dasselbe passiert in *Harry Potter und der Gefangene von Askaban*, als sie erklärt, wie wichtig die Traumdeutung ist: „Denn das Innere Auge sieht, wofür die äußere Welt blind ist." Thompson findet es ganz logisch, dass Trelawney, die in die Zukunft blickt, in der Gegenwart so gut wie nichts sieht und an jeder Ecke hängenbleibt!

Da wären unsere köstlichen Knusperecken mit Karamellchips, Walnüssen und gerösteten Kokosraspeln bestimmt eine willkommene Abwechslung. Und auch ohne ein Inneres Auge kann man davon ausgehen, dass diese Leckerbissen in Zukunft noch oft zubereitet werden!

- 125 g Butter (Zimmertemperatur), plus 1 EL für die Form
- 155 g Mehl, plus 1 EL Mehl für die Teigmischung
- 375 g brauner Zucker
- 2 Eier
- ½ TL Backpulver
- ¼ TL Salz
- 1 TL Vanilleextrakt
- 90 g Schokoladenchips
- 90 g Karamellchips
- 180 g Kokosraspel
- 125 g gehackte Walnüsse

Den Backofen auf 180 °C vorheizen.

Eine rechteckige Backform (23 x 33 cm) mit Butter einfetten.

Mehl, 125 g braunen Zucker und Butter in eine große Schüssel geben und mit einem Teigmischer vermischen, bis ein grober Teig entsteht. Den Teig in die vorbereitete Form geben und mit den Händen gut festdrücken. Den Boden anschließend 20–25 Minuten backen, bis er goldbraun ist.

Den Boden aus dem Backofen nehmen und in der Form auf einem Kuchengitter abkühlen lassen. Den Backofen nicht ausschalten.

Die Eier in eine große Schüssel geben und leicht verquirlen. Den restlichen braunen Zucker (250 g), das Mehl für die Knuspermischung, das Backpulver, das Salz, das Vanilleextrakt, die Schokoladenchips, die Karamellchips, die Kokosraspeln und die Walnüsse dazugeben und alles gut verrühren.

Die Knuspermischung gleichmäßig auf dem vorgebackenen Boden verteilen.

Die Backform wieder in den Backofen geben und etwa 15 Minuten backen, bis sich die Knuspermischung von den Seitenwänden der Backform löst und goldbraun ist.

Anschließend in der Form auf einem Kuchengitter abkühlen lassen und dann in etwa 2,5 cm große Rechtecke schneiden.

Die Knusperecken halten sich in einem luftdicht verschließbaren Behältnis bei Zimmertemperatur 3–4 Tage.

✦ MUGGELMAGIE ✦

In der Muggelwelt sind Knusperecken seit den 1930er-Jahren als *Dream Bars* oder *Magic Bars* beliebt. Kein Wunder, dass sie bei keinem Nachmittagstee fehlen dürfen!

„IN DIESEM RAUM BEKOMMT IHR EINE EINFÜHRUNG IN DIE EHRWÜRDIGE KUNST DES WAHRSAGENS."

Sybill Trelawney

Harry Potter und der Gefangene von Askaban

GF, V ✦ FÜR 8–10 PERSONEN

TANTE PETUNIAS SPANISCHE WINDTORTE

Ausgerechnet an dem Tag, an dem sich Harrys Onkel Vernon Dursley mit einer Einladung der Masons zum Abendessen das größte Geschäft seiner Karriere sichern will, taucht der Hauself Dobby im Ligusterweg auf. Dobby versucht verzweifelt, Harry daran zu hindern, nach Hogwarts zurückzukehren. Und als er dabei plötzlich die aufwendig dekorierte Windtorte entdeckt, die Harrys Tante Petunia extra für den großen Abend gebacken hat, bietet sich Dobby die perfekte Gelegenheit, Chaos zu stiften: Mit einem Fingerschnippen lässt er die kunstvoll dekorierte Windtorte von der Küche ins Wohnzimmer schweben – und auf Mrs Masons Kopf fallen.

Die Torte, die durch die Luft schwebte, war zwar computeranimiert, aber was Schauspielerin Veronica Clifford alias Mrs Mason auf den Kopf klatschte, war eine echte Torte mit Schlagsahne und gezuckerten Veilchen.

Dieses Rezept ist von dem schicksalhaften Moment in *Harry Potter und die Kammer des Schreckens* inspiriert. Und obwohl die Windtorte dem Original wirklich zum Verwechseln ähnlich sieht, empfehlen wir, die Torte zu essen, statt sie auf jemanden fallen zu lassen!

ZUTATEN FÜR DIE TORTENBÖDEN

4 Eiweiß (L)

125 g Zucker

¼ TL Weinsteinpulver

FÜR DIE SCHLAGSAHNE

480 g Schlagsahne

125 g Zucker

½ TL frisch gepresster Zitronensaft

BESONDERES ZUBEHÖR

2 Spritzbeutel mit Sterntüllen

ZUBEREITUNG DER TORTENBÖDEN

Den Backofen auf 180 °C vorheizen und drei Backbleche mit Backpapier auslegen.

Eiweiße, Zucker und Weinsteinpulver in der Küchenmaschine oder in einer großen Schüssel mit dem Handrührgerät zu einer steifen Baisermasse schlagen.

Auf jedes Backblech jeweils ein Drittel der Baisermasse geben und zu je einem kreisförmigen Tortenboden (Ø etwa 23 cm) verstreichen. Die Tortenböden etwa 50 Minuten backen, bis sie trocken sind und leicht Farbe annehmen. Aus dem Ofen holen und auf den Blechen auf Zimmertemperatur abkühlen lassen.

SCHLAGSAHNE

Sahne, Zucker und Zitronensaft in der Küchenmaschine oder in einer großen Schüssel mit dem Handrührgerät erst 2–3 Minuten auf niedrigster Stufe halbsteif schlagen. Anschließend auf die höchste Stufe schalten und die Sahne sehr steif schlagen.

FORTSETZUNG AUF SEITE 25

FORTSETZUNG VON SEITE 23

FÜR DIE BUTTER-CREME

750 g Puderzucker
250 g weiche Butter
2 TL Vanilleextrakt
60 ml Milch

ZUM DEKORIEREN

20 Tropfen grüne Lebensmittelfarbe
10 Tropfen violette Lebensmittelfarbe
30–40 Cocktailkirschen
15–20 Veilchen aus Zucker

✦ MUGGELMAGIE ✦

Die Spanische Windtorte gilt als die „eleganteste Torte Wiens" – vermutlich hat Petunia Dursley sie deshalb zubereitet!

„TJA, DANN MUSS DOBBY ES TUN, SIR. ICH MACH DAS BLOSS ZU HARRY POTTERS WOHL."

Dobby, der Hauself, zu Harry Potter

Harry Potter und die Kammer des Schreckens

BUTTERCREME

Puderzucker, Butter, Vanilleextrakt und Milch in eine große Schüssel geben und mit dem Handrührgerät auf höchster Stufe etwa 10 Minuten verrühren, bis eine kompakte Creme entsteht, die dennoch so weich ist, dass sie sich mit einem Spritzbeutel gut auftragen lässt.

ZUSAMMENSETZEN DER TORTE

Einen der Tortenböden auf eine Tortenplatte geben und etwa ein Drittel der Schlagsahne darauf verteilen. Den zweiten Tortenboden daraufsetzen und die Hälfte der restlichen Schlagsahne darauf verteilen. Schließlich den dritten Tortenboden daraufgeben und die restliche Schlagsahne darauf verteilen.

Die Hälfte der Buttercreme in eine zweite Schüssel geben. In eine Buttercremeschüssel die grüne, in die andere die violette Lebensmittelfarbe geben und jeweils gut unterrühren, bis die Buttercreme gleichmäßig grün beziehungsweise violett ist und keine Schlieren mehr zu sehen sind.

Die grüne und die violette Buttercreme jeweils in Spritzbeutel mit Sterntüllen füllen. Das geht besonders einfach, wenn man den Spritzbeutel mit der Tülle nach unten in ein hohes Glas gibt, den Beutel über den Rand des Glases nach unten faltet und dann die Buttercreme hineinlöffelt. Am Rand des unteren und mittleren Tortenbodens, wie auf Seite 22 zu sehen, abwechselnd grüne und violette Buttercremetupfer aufspritzen. Am Rand des oberen Tortenbodens violette Tupfer aufspritzen. Schließlich die untere Reihe Buttercremetupfer mit Cocktailkirschen und Veilchen, die obere nur mit Cocktailkirschen dekorieren.

Die Windtorte hält sich in einem luftdicht verschließbaren Behältnis im Kühlschrank 1–2 Tage, sie schmeckt aber am besten, wenn man sie sofort serviert.

V ✦ ERGIBT: 12 CUPCAKES

FEURIGE DRACHEN-CUPCAKES

Bei der ersten Aufgabe des Trimagischen Turniers in *Harry Potter und der Feuerkelch* muss jeder der vier Champions ein goldenes Ei aus dem Nest eines Drachen stehlen. Auf Harry wartet ein feuerspeiender Ungarischer Hornschwanz mit Furcht einflößenden Stacheln.

Der Drache, vor dem Harry auf seinem Besen flieht, war computeranimiert. Aber für den, den Hagrid Harry in der Nacht vor der Aufgabe zeigt, wünschten sich die Filmemacher eine animatronische Version. So entstand eine zwölf Meter große Nachbildung mit beweglichen Augenlidern und Nasenlöchern. Der Hornschwanz konnte sogar Feuer spucken: Dafür wurde der Kopf aus glasfaserverstärktem Kunststoff gegossen und mit einer feuerfesten Schnauze versehen – aus der ein Flammenwerfer einen sechs Meter langen Strahl Drachenfeuer schoss!

Dem Ungarischen Hornschwanz zu Ehren sind diese Cupcakes mit orangefarbener Buttercreme überzogen und mit feurig züngelnden Zuckerflammen garniert. Die symbolisieren das Drachenfeuer, werden aber bei Weitem nicht so heiß gegessen, wie sie gemacht werden ...

ZUTATEN FÜR DIE CUPCAKES

- 250 g weiche Butter, plus 2 EL für die Form
- 500 g Zucker
- 4 Eier (Zimmertemperatur)
- 465 g Mehl
- 1 EL Backpulver
- 250 ml Milch (Zimmertemperatur)
- 2 TL Vanilleextrakt

ZUBEREITUNG DER CUPCAKES

Den Backofen auf 180 °C vorheizen. Die Vertiefungen einer 12er-Muffinform mit Butter einfetten und darauf achten, dass Böden und Seitenwände komplett bedeckt sind.

Butter und Zucker in eine große Schüssel geben und mit dem Handrührgerät auf mittlerer Stufe etwa 4 Minuten schaumig rühren.

Nach und nach die Eier dazugeben und jeweils gut unterrühren.

Mehl und Backpulver in eine mittelgroße Schüssel geben und mit einem Löffel gut vermischen.

Ein Drittel der Mehlmischung, dann 60 ml Milch zur Butter-Zucker-Eier-Mischung geben und jeweils 1 Minute gründlich unterrühren.

Diesen Vorgang noch zweimal wiederholen. Schließlich das Vanilleextrakt dazugeben und ebenfalls etwa 1 Minute unterrühren.

FORTSETZUNG AUF SEITE 28

FORTSETZUNG VON SEITE 27

FÜR DIE BUTTER-CREME

- 750 g Puderzucker
- 250 g weiche Butter
- 2 TL Vanilleextrakt
- 60 ml Milch
- 20 Tropfen orange Lebensmittelfarbe

FÜR DIE ZUCKER-FLAMMEN

- 500 g Zucker
- 100 g heller Maissirup
- 5 Tropfen rote Lebensmittelfarbe
- 5 Tropfen gelbe Lebensmittelfarbe
- 5 Tropfen orange Lebensmittelfarbe

BESONDERES ZUBEHÖR

- Spritzbeutel mit mittelgroßer runder Tülle
- Zuckerthermometer

Die Vertiefungen der Muffinform zu jeweils etwa zwei Dritteln mit der Cupcake-Masse füllen, damit die Masse beim Backen nicht über die Vertiefungen hinausquillt und ein unschöner Rand entsteht. Die Cupcakes 30–35 Minuten backen, bis die Ränder goldbraun sind und sich von den Seitenwänden der Form lösen. Bleibt an einem Holzstäbchen, das in einen der Cupcakes gesteckt wird, kein Teig mehr haften, sind sie fertig.

Die Cupcakes aus dem Backofen nehmen und etwa 1 Stunde abkühlen lassen.

BUTTERCREME

Puderzucker, Butter, Vanilleextrakt, Milch und Lebensmittelfarbe in eine große Schüssel geben und mit dem Handrührgerät auf höchster Stufe etwa 10 Minuten verrühren, bis eine kompakte Creme entsteht, die dennoch so weich ist, dass sie sich mit dem Spritzbeutel gut auftragen lässt.

ZUCKERFLAMMEN

Zucker und 180 ml Wasser in einen kleinen Topf geben und unter ständigem Rühren bei hoher Temperatur erhitzen, bis sich der Zucker aufgelöst hat. Den Maissirup unterrühren und die Mischung weitere 7–8 Minuten erhitzen, bis sie eine Temperatur von 150–154 °C (mit dem Zuckerthermometer messen!) erreicht hat.

Die Zuckermasse in drei kleine Aluminiumschalen geben und jeweils 5 Tropfen rote, gelbe und orangefarbene Lebensmittelfarbe unterrühren.

Zwei Backbleche mit Backpapier auslegen. Die Zuckermassen mit jeweils einem Löffel für jede Farbe auf das Backpapier geben und dann flammenförmig verstreichen. Tropfenweise andersfarbige Zuckermasse auf den Flammen verteilen und mit einer Gabel Linien ziehen, sodass ein feuriges Muster entsteht.

Die Zuckerflammen 6–8 Minuten fest werden lassen, sodass sie nicht umknicken, wenn sie in die Buttercreme gesteckt werden.

Die abgekühlten Cupcakes aus der Form nehmen, die Buttercreme in den Spritzbeutel geben und kreisförmig auf die Cupcakes spritzen. Zum Schluss jeweils einige Zuckerflammen in die Buttercreme stecken.

Die Cupcakes halten sich in einem luftdicht verschließbaren Behältnis bei Zimmertemperatur 2–3 Tage.

„WAS WÄRE DAS LEBEN OHNE EIN PAAR DRACHEN?“

Ron Weasley

Harry Potter und der Feuerkelch

✦ HINTER DER MAGIE ✦

Das Maul des animatronischen Hornschwanzes bestand aus Stahl, der beeindruckend rot glühte, wenn der Drache Feuer spieh.

„WIR WERDEN BESTIMMT ALLE WIRKLICH GUTE FREUNDE SEIN.“

„JA, GARANTIERT.“

Dolores Umbridge sowie Fred und George Weasleys sarkastische Antwort

Harry Potter und der Orden des Phönix

PROFESSOR UMBRIDGES HERZWAFFELN

Als Dolores Umbridge in Harrys fünftem Schuljahr zum ersten Mal als Lehrerin in Hogwarts auftritt, unterbricht sie Dumbledores Begrüßungsansprache und hält selbst eine Rede. Trotz ihrer zuckersüßen Worte wird ziemlich deutlich, dass das Zaubereiministerium sich in Hogwarts einmischen will. Harry hält Umbridges Rede für „einen Haufen Geschwafel". In der englischen Filmfassung sagt er „a load of waffle" („eine Ladung Waffeln"). Das ist eine schottische Redewendung, die man als „Quatsch mit Soße" übersetzen könnte.

Unsere Herzwaffeln sind dagegen wirklich zuckersüß und das ideale Fingerfood zum Tee. Sie werden in Ahornsirup und Zucker gewendet, was perfekt mit der sauren Sahne (ein kleiner Seitenhieb auf Professor Umbridges sauertöpfische Persönlichkeit) im Waffelteig harmoniert!

- 5 Eier (L)
- 375 g Zucker
- 155 g Mehl
- 1 TL Salz
- ¼ TL gemahlener Kardamom
- ¼ TL gemahlener Zimt
- ¼ TL gemahlener Ingwer
- 375 g saure Sahne
- 60 g Butter, geschmolzen, plus mehr für das Waffeleisen
- 690 g Ahornsirup

BESONDERES ZUBEHÖR

Waffeleisen für herzförmige Waffeln

Eier und 125 g Zucker in eine große Schüssel geben und mit dem Handrührgerät etwa 3 Minuten schaumig rühren.

Mehl, Salz, Kardamom, Zimt und Ingwer in eine zweite große Schüssel geben und gut vermischen. Die Eiermischung dazugeben und vorsichtig unterheben, bis alles gut vermischt ist. Dann die saure Sahne und schließlich die geschmolzene Butter unterrühren.

Das Waffeleisen heiß werden lassen, je zwei gehäufte Esslöffel Waffelmasse in die Vertiefungen geben und 1–2 Minuten backen. Die fertigen Waffeln auf einen Teller geben und leicht abkühlen lassen.

Den Ahornsirup auf eine große Platte und den restlichen Zucker in einen tiefen Teller geben. Die Waffeln zuerst im Ahornsirup und dann im Zucker wenden und anschließend auf einer großen Platte aufschichten – als „load of waffles".

Die Waffeln halten sich in einem luftdicht verschließbaren Behältnis im Kühlschrank 2–3 Tage. Zum Servieren die Waffeln am besten auf ein mit Backpapier ausgelegtes Backblech geben und 20–25 Minuten im auf 190 °C vorgeheizten Backofen erhitzen, bis sie wieder knusprig sind.

✦ HINTER DER MAGIE ✦

Laut Imelda Staunton, die Dolores Umbridge spielt, ist sie davon überzeugt, immer das Richtige zu tun: „Und was ist gruseliger als jemand, der seine Arbeit nicht hinterfragt, sondern sie einfach nur ausführt!?"

PARISER LAVENDEL-CANELÉS

In *Phantastische Tierwesen: Grindelwalds Verbrechen* setzt Newt Scamander in Paris den Verfolgungszauber *Avensegium* ein, um den mysteriösen Zauberer Yusuf Kama aufzuspüren. Zusammen mit Jacob Kowalski wartet Newt in einem Café an der Place Cachée auf ihn.

„Paris war damals ein ganz besonderer Ort", sagt Schauspieler Eddie Redmayne, der Newt Scamander verkörpert. „Es war ein Schmelztiegel mit unterschiedlichsten Menschen, die neue Wege beschritten. Es war eine Zeit, in der sich viel veränderte, etwa in der Mode und in der Architektur. Paris war ein unglaublich bunter und lebendiger Ort."

Canelés erfreuten sich im Paris der späten 1920er-Jahre großer Beliebtheit. Besonders wichtig ist es, bei der Zubereitung Kupferförmchen zu verwenden, da sie die Hitze am besten speichern, was dafür sorgt, dass die Canelés so unwiderstehlich kross werden. Traditionell werden zudem Bienenwachs und Butter zum Einfetten der Förmchen verwendet, was das Äußere der Canelés noch knuspriger macht, während sie innen wunderbar saftig bleiben. Bei unserer Version sorgen zusätzlich noch Lavendel und Rum für raffinierte Aromen.

- 750 ml Milch
- ½ Vanilleschote, der Länge nach halbiert und Samen herausgekratzt (oder ¼ TL Vanilleextrakt)
- 230 g Butter
- 250 g Zucker
- 100 g Mehl
- 2 Eier (L)
- 1 Eigelb (L)
- 3 EL Rum
- 1 EL gehackte frische oder getrocknete Lavendelblüten
- 75 g Bienenwachs, grob gehackt

Milch und Vanillesamen in einen kleinen Topf geben, einmal aufkochen lassen, von der Hitze nehmen, 45 g Butter unterrühren und abkühlen lassen.

Zucker und Mehl in eine große Schüssel geben und mit einem Schneebesen verrühren.

FORTSETZUNG AUF SEITE 35

FORTSETZUNG VON SEITE 33

BESONDERES ZUBEHÖR

Caneléförmchen

Backpinsel

„ICH HAB NUR GESAGT, BIST DU SICHER, DASS DER KERL, DEN WIR SUCHEN, HIER IST?"

„JA, GANZ SICHER. JA, DAS SAGT DIE FEDER."

Jacob Kowalski und Newt Scamander

Phantastische Tierwesen: Grindelwalds Verbrechen

Eier, Eigelb und Rum in eine zweite große Schüssel geben und mit einem Schneebesen verrühren. Die Eiermischung zur Zuckermischung geben und mit dem Schneebesen gründlich verrühren. Dann die abgekühlte Milchmischung unterrühren. Einige Lavendelblüten zum Garnieren beiseitelegen, die restlichen zur Canelémasse geben und gut unterrühren. Die Masse in einem luftdicht verschließbaren Behältnis über Nacht kalt stellen.

Das Bienenwachs und die restliche Butter (185 g) in einen kleinen Topf geben und bei geringer Temperatur unter ständigem Rühren zerlassen. Sobald Bienenwachs und Butter gut vermischt sind, den Topf von der Hitze nehmen und die Caneléförmchen mit der Mischung auspinseln.

Die Canelémasse mindestens 1 Stunde vor dem Backen aus dem Kühlschrank nehmen.

Den Backofen auf 220 °C vorheizen. Die Canéleförmchen jeweils etwa zur Hälfte mit der Masse füllen.

Die Canelés etwa 1 Stunde backen, bis sie intensiv goldbraun sind. Die fertigen Canelés aus dem Backofen nehmen, stürzen, wenden und auf einem Kuchengitter auskühlen lassen. Sie halten sich in einem luftdicht verschließbaren Behältnis bei Zimmertemperatur 2–3 Tage.

V ✦ ERGIBT:
12 ZAUBERHÜTE

PROFESSOR McGONAGALLS ZAUBERHÜTE

Professor McGonagall ist Hauslehrerin von Gryffindor, Lehrerin für Verwandlung und Hüterin des Sprechenden Huts. Außerdem ist sie ein Animagus – so bezeichnet man Hexen oder Zauberer, die sich in ein bestimmtes Tier verwandeln können. In ihrer Animagus-Gestalt wird McGonagall in den Filmen von einer Katze verkörpert, die passenderweise eine brillenförmige Zeichnung um die Augen hat.

Unserem Zauberhutrezept, einer Variante des britischen Dessertklassikers *Sticky Toffee Pudding*, verleihen Ingwer, Apfel und Orange eine fruchtig leichte Note. Trotzdem sind die Küchlein wunderbar klebrig! Dafür sorgen Datteln, brauner Zucker und Melasse – und natürlich die mit braunem Zucker und Whisky verfeinerte Toffeesauce, mit der die kleinen Zauberhüte beträufelt werden. Statt auf einer Porzellan-Etagere, auf der die verschiedenen Köstlichkeiten beim klassischen Nachmittagstee serviert werden, sollte man die Zauberhüte – eine Hommage an den Sprechenden Hut – lieber einzeln auf Tellern anrichten. Nicht dass die Toffeesauce die anderen Köstlichkeiten Animagus-mäßig in ein klebriges Durcheinander verwandelt!

ZUTATEN FÜR DIE KÜCHLEIN

90 g Butter, plus 1 EL für die Form

175 g Medjooldatteln, entkernt

1 TL Natron

30 g etwa 1 cm große Apfelstücke

45 g kandierter Ingwer

Saft von ½ mittelgroßen Orange

250 g brauner Zucker

½ TL Vanilleextrakt

2 Eier (L, Zimmertemperatur)

2 EL Melasse

490 g Mehl

1½ TL Backpulver

¼ TL Salz

ZUBEREITUNG DER KÜCHLEIN

Den Backofen auf 180 °C vorheizen und die Vertiefungen einer 12er-Muffinform mit Butter einfetten. Datteln und Natron in einen Standmixer geben, mit 250 ml heißem Wasser übergießen und die Datteln etwa 20 Minuten einweichen lassen.

Apfelstücke, Ingwer, Orangensaft, Butter, braunen Zucker, Vanilleextrakt, Eier und Melasse in eine große Schüssel geben und gut verrühren.

Mehl, Backpulver, Salz, Muskat und Kardamom in eine zweite große Schüssel geben und gut vermischen. Zur Apfelmischung geben und gut unterrühren.

Die eingeweichten Datteln im Standmixer glatt pürieren. Das Dattelpüree zur Apfelmasse geben und unterheben.

FORTSETZUNG AUF SEITE 38

FORTSETZUNG VON SEITE 37

¼ TL frisch gemahlene Muskatnuss

¼ TL gemahlener Kardamom

FÜR DIE WHISKY-TOFFEE-SAUCE

125 g Schlagsahne

125 g Butter

250 g Rohrohrzucker

1 EL schottischer Whisky

1 TL Vanilleextrakt

1 Prise Salz

FÜR DIE SCHLAGSAHNE

480 g Schlagsahne

125 g Zucker

½ TL frisch gepresster Zitronensaft

BESONDERES ZUBEHÖR

12 Minieiswaffeln und 1 EL Kakao oder kleine Schokoladen-kegel

Die Vertiefungen der Muffinform zu je etwa drei Vierteln mit der Apfel-Dattel-Masse füllen.

WHISKY-TOFFEE-SAUCE

Sahne, Butter, Rohrohrzucker, Whisky, Vanilleextrakt und Salz in einen Topf geben und bei hoher Temperatur unter Rühren erhitzen, bis sich der Zucker aufgelöst hat. Die Mischung unter ständigem Rühren etwa 1 Minute köcheln lassen.

Die Temperatur reduzieren und die Sauce 3–5 Minuten sanft köcheln lassen, bis sie glatt ist und leicht eindickt.

SCHLAGSAHNE

Sahne, Zucker und Zitronensaft in der Küchenmaschine oder in einer großen Schüssel mit dem Handrührgerät auf niedrigster Stufe 2–3 Minuten halbsteif schlagen, dann auf die höchste Stufe schalten und die Sahne sehr steif schlagen.

ZUSAMMENSETZEN DER ZAUBERHÜTE

Die Küchlein auf Dessertteller stürzen und mit reichlich Whisky-Toffee-Sauce beträufeln. Jeweils einen großzügigen Löffel Schlagsahne daraufgeben. Die Eiswaffeln mit einem trockenen Backpinsel mit Kakao bestäuben und dann als Hutspitzen auf die Küchlein setzen. Alternativ eignen sich als Hutspitzen auch kleine Schokokegel.

Die Küchlein und die Whisky-Toffee-Sauce halten sich separat in luftdicht verschließbaren Behältnissen im Kühlschrank 4–5 Tage. Die Schlagsahne hält sich in einem luftdicht verschließbaren Behältnis im Kühlschrank 1–2 Tage.

„DAS WAR MEGAABGEFAHREN!"

Ron Weasley zu Professor McGonagalls Verwandlung in eine Katze

Harry Potter und der Stein der Weisen

MOLLY WEASLEYS MINITRIFLES MIT RHABARBER-KOMPOTT UND VANILLECREME

Molly Weasley sorgt dafür, dass ihre Familie immer gut isst – vom reichhaltigen Frühstück bis zum aufwendigen Weihnachtsbraten. Aufmerksamen Zuschauern sind sicher auch die zahlreichen Kochbücher im Fuchsbau aufgefallen, darunter so verführerische Titel wie *Festessen in einer Minute – Das ist Hexerei!, Magie beim Backen* und *So zaubern Sie Ihren eigenen Käse*.

Diese Minitrifles sind inspiriert vom klassischen Rhabarber-Fool. Dafür werden Rhabarberkompott, Custard, eine beliebte englische Dessertcreme mit Vanille, und Shortbread-Brösel geschichtet. Trifles werden traditionell zum Nachmittagstee serviert und sorgen dabei durch ihre tolle Schichtoptik für Abwechslung auf der Teetafel. Das ist wichtig, denn besonders, wenn man Gäste erwartet, gilt immer auch: Das Auge isst mit!

In Sekt- oder Weingläsern kommen die Schichten des Trifles besonders gut zur Geltung. Für kleinere Portionen kann man das Trifle auch in 2- oder 4-cl-Gläsern servieren.

ZUTATEN FÜR DAS RHABARBERKOMPOTT

465 g geputzter und in 12 mm große Stücke geschnittener Rhabarber

60 g brauner Zucker

1 EL Mehl

TIPP ✦ Alternativ zum Rhabarber eignen sich auch 555 g Pfirsich- oder Orangenkompott (Zimmertemperatur).

ZUBEREITUNG DES RHABARBERKOMPOTTS

Den Backofen auf 180 °C vorheizen und ein Backblech mit Backpapier auslegen.

Rhabarber, braunen Zucker und Mehl in eine Gusseisenpfanne geben und vermischen, bis der Rhabarber mit der Zucker-Mehl-Mischung überzogen ist.

Die Pfanne in den Backofen geben und den Rhabarber 15–20 Minuten backen, bis er sehr weich ist.

Das Rhabarberkompott aus dem Backofen nehmen und abkühlen lassen.

FORTSETZUNG AUF SEITE 40

FORTSETZUNG VON SEITE 39

FÜR DAS SHORTBREAD

500 g weiche Butter

250 g Zucker

4 TL Vanilleextrakt

630 g Mehl

1 TL Salz

240 g gemahlene Pekannüsse (optional)

FÜR DIE SCHLAGSAHNE

480 g Schlagsahne

125 g Zucker

½ TL frisch gepresster Zitronensaft

FÜR DIE VANILLECREME

3 EL Speisestärke

750 ml Milch

¼ TL Salz

250 g Zucker

3 Eigelb

1 EL weiche Butter

1 Vanilleschote oder ¼ TL Vanilleextrakt

ZUM GARNIEREN

1 EL in feine Streifen geschnittene frische Minzblätter

1 EL gehackte frische Majoranblätter

SHORTBREAD

Butter, Zucker, Vanilleextrakt und 2 EL Wasser in eine große Schüssel geben und mit dem Handrührgerät auf mittlerer Stufe schaumig rühren, dann nach und nach Mehl und Salz dazugeben und unterrühren, bis ein luftiger Teig entsteht. Wer mag, kann Pekannüsse dazugeben und gut unterrühren.

Mit einem kleinen Eisportionierer Teigportionen abstechen und diese mit den Händen zu etwa 2,5 cm großen Kugeln formen. Die Teigkugeln mit jeweils etwa 5 cm Abstand zueinander auf das vorbereitete Backblech geben und mit den Handflächen zu etwa 12 mm dicken Kreisen platt drücken.

Die Shortbread-Taler 20–25 Minuten backen, bis sie an den Rändern leicht goldbraun sind, dann aus dem Backofen nehmen und auf dem Backblech abkühlen lassen.

SCHLAGSAHNE

Sahne, Zucker und Zitronensaft in der Küchenmaschine oder in einer großen Schüssel mit dem Handrührgerät erst 2–3 Minuten auf niedrigster Stufe halbsteif schlagen. Anschließend auf die höchste Stufe schalten und die Sahne sehr steif schlagen.

VANILLECREME

Speisestärke und 60 ml Milch in eine kleine Schüssel geben und mit einem Schneebesen verrühren.

Die restliche Milch (690 ml), das Salz und den Zucker in einen mittelgroßen Topf geben und mit einem Schneebesen verrühren. Die Mischung bei mittlerer Hitze unter gelegentlichem Umrühren zum Köcheln bringen, bis sie zu dampfen beginnt.

Die Eigelbe in eine mittelgroße Schüssel geben und mit einem Schneebesen verquirlen. 125 ml der heißen Milchmischung in dünnem Strahl unter ständigem Rühren dazugeben. Dann die Eier- und die Speisestärkemischung jeweils in einem dünnen Strahl zur Milchmischung geben, gut unterrühren und unter ständigem Rühren sanft köcheln lassen, bis die Mischung leicht eindickt.

Die Vanilleschote mit einem scharfen Messer der Länge nach halbieren und die Samen vorsichtig herauskratzen. Die Vanilleschote wegwerfen und die Samen auf einem kleinen Teller kurz beiseitestellen.

Die Creme von der Hitze nehmen und Butter und Vanillesamen unterrühren.

ZUSAMMENSETZEN DER TRIFLES

Die Shortbread-Taler mit den Händen grob zerbröseln. Sechs Sekt- oder Weingläser bereitstellen. Nacheinander Shortbread-Brösel, Vanillecreme, Rhabarberkompott und Schlagsahne in die Gläser geben, sodass vier gleich hohe Schichten entstehen. Die fertigen Trifles mit einigen kleinen Shortbread-Stückchen bestreut und mit frischen Minz- und Majoranblättern garniert servieren.

Rhabarberkompott, Schlagsahne und Vanillecreme halten sich separat in luftdicht verschließbaren Behältnissen im Kühlschrank 1–2 Tage. Die Shortbread-Taler halten sich in einem luftdicht verschließbaren Behältnis bei Zimmertemperatur 4–5 Tage.

„HAST DU HUNGER, HARRY?"

Molly Weasley

Harry Potter und der Orden des Phönix

✦ MUGGELMAGIE ✦

Trifle geht auf das französische „trufe" zurück, was so viel wie Nichtigkeit bedeutet.

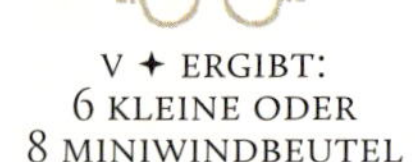

V ✦ ERGIBT:
6 KLEINE ODER
8 MINIWINDBEUTEL

WINDBEUTEL WIE IM SLUG-KLUB

In *Harry Potter und der Halbblutprinz* gibt Horace Slughorn, der neue Lehrer für Zaubertränke, eine Dinnerparty für die Mitglieder seines wieder ins Leben gerufenen Slug-Klubs. Dabei serviert er den auserwählten Schülern zum Dessert köstliche Windbeutel. Um Hermine auf sich aufmerksam zu machen, leckt Cormac McLaggen seine Finger genüsslich ab – was Hermine widerlich findet. Da die Szene so nicht im Drehbuch stand, musste Freddie Stroma, der Cormac spielt, auf Anregung von Regisseur David Yates improvisieren.

Die Brandteigbällchen werden oft kunstvoll zur Pyramide aufgeschichtet, zum Nachmittagstee kann man unsere Miniwindbeutel aber auch wunderbar einzeln servieren. Sie bestehen aus einfachem Brandteig, werden mit leicht zitroniger Schlagsahne gefüllt und mit köstlicher Minzschokoladensoße und frischer Schokominze garniert serviert. Da muss man nicht erst verführerisch an den Fingern lecken, um seine Gäste zu überzeugen …

ZUTATEN FÜR DIE BRANDTEIGBÄLLCHEN

60 g Butter (Zimmertemperatur)

75 g Mehl

2 Eier (Zimmertemperatur)

FÜR DIE SCHLAGSAHNE

480 g Schlagsahne

125 g Zucker

½ TL frisch gepresster Zitronensaft

FÜR DIE MINZ-SCHOKOLADENSAUCE

125 g Minzschokolade

60 g Butter

1 EL in feine Streifen geschnittene frische Schokominzblättchen

ZUBEREITUNG DER BRANDTEIGBÄLLCHEN

Den Backofen auf 200 °C vorheizen und ein Backblech mit Backpapier auslegen.

60 ml Wasser mit der Butter in einen großen Topf geben und bei hoher Temperatur erhitzen. Sobald die Butter komplett geschmolzen ist, zügig das Mehl dazugeben und kräftig unterrühren, bis eine glatte Teigkugel entsteht. Den Topf von der Hitze nehmen, nach und nach die Eier dazugeben und mit dem Handrührgerät unterrühren, bis ein glatter Teig entsteht.

Mit einem Eisportionierer (ø 2,5 cm) kleine Teigkugeln abstechen und diese mit jeweils 6 cm Abstand zueinander auf das vorbereitete Backblech geben.

Die Brandteigbällchen 35–40 Minuten backen, bis sie rundherum goldbraun sind, dann herausnehmen und etwa 30 Minuten abkühlen lassen. Die abgekühlten Brandteigbällchen mit einem scharfen Sägemesser horizontal halbieren.

SCHLAGSAHNE

Sahne, Zucker und Zitronensaft in der Küchenmaschine oder in einer großen Schüssel mit dem Handrührgerät erst 2–3 Minuten auf niedrigster Stufe halbsteif schlagen. Anschließend auf die höchste Stufe schalten und die Sahne sehr steif schlagen.

MINZSCHOKOLADENSAUCE

Schokolade und Butter bei mittlerer Temperatur im Wasserbad schmelzen. Alternativ Schokolade und Butter in eine mikrowellenbeständige Schüssel geben und etwa 1 Minute in der Mikrowelle erhitzen, dabei nach 30 Sekunden umrühren.

Jeweils einen großzügigen Löffel Schlagsahne auf die unteren Hälften der Brandteigbällchen geben, dann die oberen Hälften wieder daraufsetzen. Die Windbeutel mit jeweils 1 EL Minzschokoladensauce beträufeln und mit Streifen frischer Schokominzblättchen garniert servieren.

Die ungefüllten Brandteigbällchen und die Minzschokoladensauce halten sich separat in luftdicht verschließbaren Behältnissen bei Zimmertemperatur 1–2 Tage. Die Schlagsahne hält sich in einem luftdicht verschließbaren Behältnis im Kühlschrank 1–2 Tage.

„SIE KOMMEN NOCH RECHTZEITIG ZUM NACHTISCH. DAS HEISST, WENN BELBY NOCH WELCHEN ÜBRIG GELASSEN HAT."

Horace Slughorn

Harry Potter und der Halbblutprinz

✦ HINTER DER MAGIE ✦

Die meisten Gerichte, die man in den Filmen sieht, sind nicht echt – anders die Windbeutel bei Professor Slughorns Party: Die Schüler mussten schließlich genüsslich hineinbeißen!

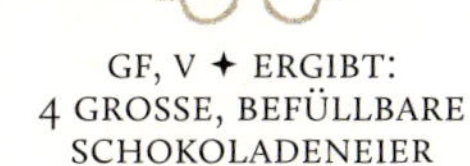

GF, V ✦ ERGIBT:
4 GROSSE, BEFÜLLBARE
SCHOKOLADENEIER

AUS JACOB KOWALSKIS BÄCKEREI: OCCAMY-ÜBERRASCHUNGSEIER

Als Jacob Kowalski in *Phantastische Tierwesen und wo sie zu finden sind* von der Bank keinen Kredit bekommt, schenkt ihm sein Freund, der Magizoologe Newt Scamander, eine Kiste voller Occamy-Eierschalen aus reinem Silber, die ein Vermögen wert sind. Jacob kann sie als Banksicherheit verwenden, um sich so seinen Traum von einer eigenen Bäckerei zu erfüllen.

Unsere großen Überraschungseier sind von den Occamy-Eierschalen inspiriert. Sie bestehen aus weißer Schokolade, und man kann sie nach Lust und Laune mit einer kleinen süßen Überraschung füllen, etwa mit Lavendel-Canelés (Seite 33) oder Professor McGonagalls Zauberhüten (Seite 37). Damit die Schokoladeneier den Occamy-Eiern möglichst ähnlich sehen, werden sie mit essbarem Silberstaub bestäubt. Serviert werden sie mit einem kleinen Holzhammer, mit dem man die Überraschungseier öffnen kann.

ZUTATEN FÜR DIE SCHALEN

700 g weiße Schokoladenchips

2 EL Butter

2 EL essbarer Silberstaub

ALS FÜLLUNG EIGNEN SICH ZUM BEISPIEL:

Hagrids Kürbismadeleines (Seite 13)

Teegebäck à la Zirkus Arcanus (Seite 53)

Surgito-Geleeherzen (Seite 133)

Dumbledores Holunderkonfekt (Seite 143)

Schokoladenchips und Butter bei mittlerer Temperatur im Wasserbad schmelzen und gelegentlich umrühren, bis eine glatte Mischung entsteht. Alternativ Schokolade und Butter in eine mikrowellenbeständige Schüssel geben und etwa 2 Minuten in der Mikrowelle erhitzen, dabei nach 1 Minute einmal gründlich umrühren.

Die Vertiefungen der Silikonformen mit 1 EL Silberstaub bepinseln, jeweils etwas von der Schokoladen-Butter-Mischung hineingeben und schwenken, bis die Formen komplett mit der Mischung überzogen sind. Diesen Vorgang so lange wiederholen, bis im Inneren der Formen eine etwa 6 mm dicke Schokoladenschicht entstanden ist. Mit einem sauberen Buttermesser die Ränder glätten.

Die Silikonformen 10–15 Minuten in den Kühlschrank geben, bis die Schokolade fest ist.

Die Formen aus dem Kühlschrank nehmen und die Schokoladeneierschalen vorsichtig herauslösen. Die Ränder der Eierhälften mit einem in heißes Wasser getauchten Backpinsel bepinseln, sodass die Schokoladen-Butter-

FORTSETZUNG AUF SEITE 47

FORTSETZUNG VON SEITE 45

BESONDERES ZUBEHÖR

Silikonformen für 8 große Eihälften
4 kleine Holzhammer

„LIEBER MR KOWALSKI, SIE GEHÖREN NICHT IN EINE KONSERVENFABRIK. BITTE NEHMEN SIE DIESE OCCAMY-SCHALEN ALS SICHERHEIT FÜR IHRE BÄCKEREI. EIN WOHLWOLLENDER FREUND.“

Nachricht von Newt Scamander an Jacob Kowalski

Phantastische Tierwesen und wo sie zu finden sind

✦ EINFACH MAGISCH ✦

Occamys sind choranaptyktisch: Sie verändern ihre Gestalt, um sich dem ihnen zur Verfügung stehenden Raum anzupassen.

Mischung wieder so weich wird, dass sich die Eierhälften zusammenkleben lassen. Wer möchte, kann die Außenseiten der Eier nun nochmals mit Silberstaub bestäuben.

Süße Überraschungen (Vorschläge sind bei den Zutaten auf Seite 45 aufgelistet) in vier Eierhälften legen, die leeren Hälften daraufsetzen und etwa 3 Minuten vorsichtig zusammendrücken, bis sie zusammenkleben. Die fertigen Überraschungseier etwa 3 Minuten im Kühlschrank fest werden lassen.

Die Überraschungseier etwa 5 Minuten vor dem Servieren aus dem Kühlschrank nehmen, damit sie Zimmertemperatur annehmen können. Nochmals mit Silberstaub bestäuben. Jedes Ei auf einen Teller legen und mit einem kleinen Holzhammer servieren.

Die ungefüllten Überraschungseier halten sich in einem luftdicht verschließbaren Behältnis bei Zimmertemperatur 2–3 Wochen.

HONEYDUKES

V ✦ FÜR 6 PERSONEN

DUMBLEDORES ZITRONENBRAUSEBAISERS

Als Harry in *Harry Potter und der Gefangene von Askaban* zum ersten Mal den *Honigtopf* im Zaubererdorf Hogsmeade besucht, staunt er über die unzähligen Gläser voller Schokokugeln, explodierender Bonbons, Lakritz-Zauberstäbchen, Toffees und Gummischnecken (die wirklich „zappelig gut" sind!). Außerdem gibt es Glasspender mit Bertie Botts Bohnen in allen Geschmacksrichtungen und ganze Regale voller Schokoladentotenköpfe. Im Sortiment des magischen Süßwarenladens befindet sich auch eine typisch britische Muggelspezialität: Zitronenbrausebonbons. Die liebt Albus Dumbledore so sehr, dass er sie während Harrys zweitem Jahr in Hogwarts als Passwort für den Zugang zu seinem Büro verwendet – wie man Professor McGonagall in *Harry Potter und die Kammer des Schreckens* sagen hört.

Zu Ehren der beliebten Zitronenbrausebonbons sind diese Baisers entstanden. Und der leuchtend gelbe Klecks Zitronencreme schmeckt genauso erfrischend zitronig wie die Zitronenbrausebonbons aus dem *Honigtopf*, versprochen!

ZUTATEN FÜR DIE BAISERS

4 Eiweiß (L)

60 g Zucker

¼ TL Weinsteinpulver

„SCHERBERT ZITRONE."

Minerva McGonagall

Harry Potter und die Kammer des Schreckens

ZUBEREITUNG DER BAISERS

Den Backofen auf 180 °C vorheizen und ein Backblech mit Backpapier auslegen.

Eiweiße, Zucker und Weinsteinpulver in der Küchenmaschine oder in einer großen Schüssel mit dem Handrührgerät auf höchster Stufe 12–15 Minuten steif schlagen.

Mit dem Löffel etwa 2,5 cm große Baiserkugeln abstechen und im Abstand von 4 cm auf das vorbereitete Backblech setzen. Die Baiserhäufchen mit dem Löffel flach drücken, sodass etwa 12 mm hohe Baiserkreise entstehen. Anschließend für die Zitronencreme eine kleine Mulde in die Mitte drücken. Die Baisers etwa 50 Minuten backen, bis sie fest sind.

FORTSETZUNG AUF SEITE 50

FORTSETZUNG VON SEITE 49

FÜR DIE ZITRONEN-CREME

250 g Zucker

3 EL Speisestärke

3 EL Mehl

¼ TL Salz

3 Eigelb (L, Zimmertemperatur), verquirlt

Saft und abgeriebene Schale von 3 Bio-Zitronen

1 EL Butter

FÜR DIE SCHLAG-SAHNE

480 g Schlagsahne

125 g Zucker

½ TL frisch gepresster Zitronensaft

ZITRONENCREME

Zucker, Speisestärke, Mehl, 310 ml Wasser und Salz in einen mittelgroßen Topf geben und unter ständigem Rühren bei hoher Temperatur erhitzen, bis die Mischung leicht eindickt und beginnt, Blasen zu werfen. Die Eigelbe dazugeben und die Mischung unter ständigem Rühren etwa 2 Minuten sanft köcheln lassen. Die Temperatur reduzieren, dann Zitronensaft und -abrieb sowie Butter unterrühren, bis eine glatte Creme entsteht.

SAHNE

Sahne, Zucker und Zitronensaft in der Küchenmaschine oder in einer großen Schüssel mit dem Handrührgerät auf niedrigster Stufe 2–3 Minuten halbsteif schlagen. Dann auf die höchste Stufe schalten und die Sahne sehr steif schlagen.

Zum Zusammensetzen die Baisers auf eine große Platte geben. Jeweils 2 EL Zitronencreme in die Mulden in der Mitte geben und kreisförmig verstreichen, damit es aussieht, als wären es kleine Eigelbe. Schließlich seitlich auf jedes Zitronenbaiser einen großzügigen Löffel Schlagsahne geben, sodass die Zitronencreme noch zu sehen ist.

Die Zitronenbaisers halten sich in einem luftdicht verschließbaren Behältnis bei Zimmertemperatur 1–2 Tage.

✦ HINTER DER MAGIE ✦

Vor den Dreharbeiten im *Honigtopf* wurde den Schauspielern gesagt, die Süßigkeiten seien mit einem nicht essbaren Lack überzogen – eine kleine Notlüge, sonst wäre alles genascht worden!

BONANZA

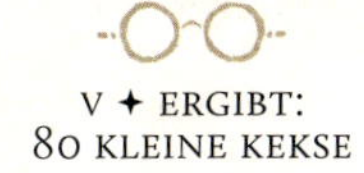

V ✦ ERGIBT:
80 KLEINE KEKSE

TEEGEBÄCK À LA ZIRKUS ARCANUS

Natürlich darf zum Nachmittagstee auch klassisches Teegebäck aus Mürbeteig nicht fehlen. Diese magische Version ist vom Zirkus Arcanus inspiriert, wo Tina Goldstein in *Phantastische Tierwesen: Grindelwalds Verbrechen* Credence Barebone aufspürt. Die Kekse werden in Form traditioneller Muggelzirkustiere ausgestochen und mit weißem und rosa Zuckerguss sowie bunten Zuckerperlen dekoriert. Sie zaubern kleinen wie großen Gästen ganz sicher ein Lächeln auf die Lippen.

Im Zirkus Arcanus gibt es aber nicht nur magische Tierwesen zu bestaunen, sondern auch außergewöhnliche Leckereien zu genießen. So kann man sich etwa am Zuckerwattestand einen Bart aus Zuckerwatte zaubern lassen (eine Anspielung auf den französischen Begriff für Zuckerwatte „barbe à papa“ – „Papas Bart“), und es gibt sogar Luftballons aus Zuckerwatte, die wie mit Helium gefüllt schweben.

ZUTATEN FÜR DIE KEKSE

- 630 g Mehl, plus mehr für die Arbeitsfläche
- 1 TL Natron
- 1 TL Backpulver
- 250 g Pflanzenfett
- 375 g Zucker
- 1½ TL Salz
- 250 g saure Sahne
- 2 Eier (Zimmertemperatur)
- 1 TL Vanilleextrakt

TIPP ✦ Am besten verwendet man Ausstecher in ausgewählten Tierformen – und Zuckerguss in kräftigen Farben, um die bunte Zirkuswelt heraufzubeschwören: Toll sind etwa auch Lila und Grün oder Rot und Gelb!

ZUBEREITUNG DER KEKSE

Den Backofen auf 180 °C vorheizen und ein Backblech mit Backpapier auslegen.

Mehl, Natron, Backpulver, Pflanzenfett, Zucker, Salz, saure Sahne, Eier und Vanilleextrakt in eine große Schüssel geben und verrühren, bis alles gut vermischt ist. Den Keksteig etwa 30 Minuten kalt stellen.

Den Keksteig auf einer leicht bemehlten Arbeitsfläche etwa 3 mm dünn ausrollen und mit verschiedenen Ausstechern so viele Kekse wie möglich ausstechen.

Die Kekse mit einem Abstand von jeweils etwa 4 cm zueinander auf das vorbereitete Backblech geben und dann etwa 10 Minuten backen, bis sie an den Rändern leicht goldbraun sind.

FORTSETZUNG AUF SEITE 55

FORTSETZUNG VON SEITE 53

FÜR DEN ZUCKERGUSS

125 g Puderzucker

2 EL Milch

4 Tropfen rote Lebensmittelfarbe

80 g bunte Zuckerperlen

BESONDERES ZUBEHÖR

Tierausstecher

ZUCKERGUSS

Puderzucker und Milch in eine große Schüssel geben und glatt rühren.

Den Zuckerguss in zwei Schüsseln geben. In eine der Schüsseln die Lebensmittelfarbe geben und gut unterrühren.

Eine Hälfte der Kekse mit weißem, die andere mit rosa Zuckerguss überziehen und mit bunten Zuckerperlen bestreuen, bevor der Zuckerguss hart wird.

Die Kekse halten sich in einem luftdicht verschließbaren Behältnis bei Zimmertemperatur 2–3 Wochen.

„CIRQUE ARCANUS
LE PLUS GRAND DES CIRQUES
L'ÉVÉNEMENT DU SIÈCLE !"

(ZIRKUS ARCANUS: DER GRÖSSTE ZIRKUS – DAS JAHRHUNDERTEREIGNIS!)

Plakat für den Zirkus Arcanus

Phantastische Tierwesen: Grindelwalds Verbrechen

„SIE ESSEN LIEBER STRUDEL. DARLING. DANN ALSO STRUDEL."

Legilimentorin Queenie Goldstein liest Jacob Kowalskis Gedanken

Phantastische Tierwesen und wo sie zu finden sind

GF*, V ✦ ERGIBT:
8 STÜCK

QUEENIES MINI-APFELSTRUDEL MIT BRANDY-BUTTER-SAUCE

Als Newt und Jacob in *Phantastische Tierwesen und wo sie zu finden sind* die Goldstein-Schwestern besuchen, lässt es sich Queenie nicht nehmen, einen Apfelstrudel zuzubereiten: Mit einem flinken Schwung ihres Zauberstabs werden Äpfel in Scheiben geschnitten, mit Rosinen und Gewürzen vermischt und wie von Zauberhand in Teig eingewickelt. Zum Schluss lassen sich Blüten und Blätter aus Teig wie Schmetterlinge auf dem Strudel nieder – und schon landet er fertig gebacken und mit Puderzucker bestäubt vor Newt und Jacob.

Apfelstrudel ist eine weltweit bekannte österreichische Mehlspeise, die ihren Namen dem strudelförmig eingerollten Teig zu verdanken hat. Hier werden Miniversionen aus Blätterteig mit einer zimtigen Apfelmischung gefüllt, wie der Apfelstrudel von Queenie mit Teigzöpfen dekoriert und dann mit einer leckeren Brandy-Butter-Sauce serviert.

ZUTATEN FÜR DIE APFELSTRUDEL

- 500 g Blätterteig (aus dem Kühlregal)
- 4 große Honeycrisp-Äpfel, geschält und in etwa 2,5 cm große Stücke geschnitten
- 90 g Rosinen
- 250 ml Brandy
- 2 EL brauner Zucker
- 1 EL weißer Zucker
- ¼ TL gemahlener Zimt
- 60 g gehackte Walnüsse
- 2 TL Butter
- 1 Eiweiß

ZUBEREITUNG DER APFELSTRUDEL

Den Backofen auf 190 °C vorheizen und ein Backblech mit Backpapier auslegen.

Apfelstücke, Rosinen und Brandy in eine große Schüssel geben, gut vermischen und 1–2 Stunden ziehen lassen.

Apfelstücke und Rosinen abgießen, dabei den Brandy auffangen – der wird später für die Brandy-Butter-Sauce gebraucht.

Apfelstücke, Rosinen, braunen und weißen Zucker sowie Zimt in einen mittelgroßen Topf geben, gut verrühren, bei mittlerer Temperatur erhitzen und dann 8–10 Minuten köcheln lassen, bis die Mischung leicht eindickt. Die Walnüsse unterrühren, dann den Topf von der Hitze nehmen und die Mischung abkühlen lassen.

Den Blätterteig in acht 5 x 10 cm große Rechtecke und 24 schmale, etwa 10 cm lange Streifen schneiden. Aus je drei Streifen insgesamt acht Zöpfe flechten. Dafür je drei Streifen nebeneinanderlegen und erst den linken, dann den rechten über den mittleren Streifen legen. So lange wiederholen, bis der Zopf fertig ist.

FORTSETZUNG AUF SEITE 59

FORTSETZUNG VON SEITE 57

FÜR DEN ZIMTZUCKER

10 g gemahlenen Zimt

60 g Zucker

FÜR DIE BRANDY-BUTTER-SAUCE

1 EL brauner Zucker

1 TL Butter

ZUM GARNIEREN

40 g gehackte frische Apfelminze

TIPP ✦ Für eine glutenfreie Alternative jeweils etwas Apfelfüllung und Brandy-Butter-Sauce mit einer Kugel Eis in einer hübschen Dessertschale anrichten und mit frischer Apfelminze dekoriert servieren.

✦ HINTER DER MAGIE ✦

Textur, Schatten und Form wurden bei Queenies Apfelstrudel digital so verändert, dass es aussieht, als würde der Blätterteig im Flug ganz ohne Backofen wie von Zauberhand gebacken!

Jeweils 3 EL Apfelfüllung mittig auf eine Seite der Blätterteigrechtecke geben, dabei sollten an den Rändern mindestens 12 mm frei bleiben. Je ¼ TL Butter auf die Apfelfüllung geben und dann die Blätterteigrechtecke über die Füllung falten, sodass kompakte Täschchen entstehen. Mit einer Gabel die offenen Seiten zusammendrücken.

Die Teigzöpfe auf die Apfelstrudel legen, sodass sie an einer Schmalseite bündig mit dem Rand sind, und an dieser Stelle mit einer Gabel festdrücken. An der anderen Schmalseite sollten sie etwas über den Rand hinausragen.

Das Eiweiß leicht verquirlen und mit einem Backpinsel auf den Apfelstrudeln verteilen.

Mit einem scharfen Messer einige kleine Einschnitte in die Oberseite der Strudel machen, sodass beim Backen Luft entweichen kann.

ZIMTZUCKER

Zimt und Zucker in eine kleine Schüssel geben und gut vermischen. Die Apfelstrudel damit bestreuen, auf das vorbereitete Backblech geben und 35–40 Minuten backen, bis sie goldbraun sind. Die fertigen Strudel aus dem Backofen nehmen und abkühlen lassen.

BRANDY-BUTTER-SAUCE

Den aufgefangenen Brandy mit dem braunen Zucker und der Butter in einen kleinen Topf geben und bei mittlerer Temperatur unter ständigem Rühren einmal aufkochen lassen. Dann die Temperatur reduzieren und die Sauce unter gelegentlichem Umrühren etwa 20 Minuten sanft köcheln lassen, bis sie leicht eindickt. Den Topf von der Hitze nehmen.

Die Apfelstrudel mit Brandy-Butter-Sauce beträufeln und mit frischer Apfelminze garniert servieren.

Die Sauce hält sich in einem luftdicht verschließbaren Behältnis bei Zimmertemperatur 5–6 Tage. Die Apfelstrudel halten sich in einem luftdicht verschließbaren Behältnis im Kühlschrank 3–4 Tage.

V ✦ ERGIBT: 12 KÜCHLEIN

PROFESSOR SPROUTS MYSTERIÖSE GEWÄCHSHAUSKÜCHLEIN

Gut möglich, dass Professor Sprout in ihrem Gewächshaus neben magischen Pflanzen auch normales Gemüse wie Tomaten (die streng genommen zum Obst gehören!) anbaut – was natürlich auch ein bisschen einfacher wäre als kreischende Alraunen und schnappende Venemosa Tentacula. Das Gewächshaus drei, in dem der Unterricht im zweiten Jahr stattfindet, ist inspiriert von einem Gewächshaus in den *Royal Botanic Gardens* bei Kew im Südwesten Londons. Es stammt aus der viktorianischen Zeit, in der auch der Nachmittagstee üblich wurde.

Unsere Küchlein sind von dem *Mystery Cake* inspiriert, der in den 1930er-Jahren sehr beliebt war. Seinen Namen bekam der geheimnisvolle Kuchen, weil nur die feinsten Gaumen neben Muskat, Zimt und Nelken auch die geheime Zutat herausschmeckten: Tomatensuppe! Bei uns werden die mysteriösen Küchlein mit Buttercreme überzogen und mit einem Klecks süßer Tomatenkonfitüre garniert.

ZUTATEN FÜR DEN TEIG

- 1 EL Butter für die Form
- 3 EL Pflanzenfett
- 250 g Zucker
- 2 Eier
- 1 Dose Tomatensuppe (à 300 g)
- 315 g Mehl
- 1 TL Natron
- 1 TL gemahlene Muskatnuss
- 1 TL gemahlene Nelken
- 1 TL gemahlener Zimt
- 125 g gehackte Walnüsse
- 185 g Rosinen oder gehackte Datteln

FÜR DIE BUTTERCREME

- 750 g Puderzucker
- 375 g weiche Butter
- 3 TL Vanilleextrakt
- 5 EL Milch

FÜR DIE TOMATENKONFITÜRE

- 24 bunte Cocktailtomaten
- 500 g Zucker
- 2 EL Honig
- 1 EL Vanilleextrakt

„WILLKOMMEN IN GEWÄCHSHAUS DREI, ZWEITKLÄSSLER! RÜCKT MAL ALLE EIN STÜCK NÄHER!"

Pomona Sprout

Harry Potter und die Kammer des Schreckens

✦ MUGGELMAGIE ✦

Lass deine Gäste raten, welche Geheimzutat sich in den mysteriösen Küchlein verbirgt!

ZUBEREITUNG DER KÜCHLEIN

Den Backofen auf 180 °C vorheizen und eine 12er-Muffinform mit Butter einfetten.

Pflanzenfett und Zucker in eine große Schüssel geben und mit dem Handrührgerät auf höchster Stufe schaumig rühren. Die Eier dazugeben und gut unterrühren, dann die Tomatensuppe dazugeben und ebenfalls gut unterrühren. Mehl, Natron, Muskat, Nelken und Zimt in eine zweite große Schüssel geben und mit einem Löffel gut vermischen. Walnüsse und Rosinen dazugeben und gut unterrühren. Anschließend die Mehlmischung zur Tomatensuppenmischung geben und alles gut verrühren. Die Vertiefungen der vorbereiteten Muffinform zu etwa drei Vierteln mit der Masse füllen.

Die Küchlein 35–40 Minuten backen. Bleibt an einem Holzstäbchen, das in eines der Küchlein gesteckt wird, kein Teig mehr haften, sind sie fertig.

BUTTERCREME

Puderzucker, Butter, Vanilleextrakt und Milch in der Küchenmaschine oder einer großen Schüssel mit dem Handrührgerät auf höchster Stufe etwa 10 Minuten verrühren, bis eine glatte Creme entsteht.

TOMATENKONFITÜRE

Tomaten, 500 ml Wasser, Zucker. Honig und Vanilleextrakt in einen kleinen Topf geben und einmal aufkochen lassen. Die Temperatur reduzieren und die Mischung unter gelegentlichem Umrühren 20–30 Minuten sanft köcheln lassen, bis sie leicht eindickt.

Die Küchlein mit reichlich Buttercreme bestreichen und mit je einem großzügigen Klecks Tomatenkonfitüre garniert servieren.

Die Küchlein halten sich in einem luftdicht verschließbaren Behältnis bei Zimmertemperatur 3–4 Tage. Die Buttercreme hält sich in einem luftdicht verschließbaren Behältnis im Kühlschrank 2–3 Tage. Die Tomatenkonfitüre hält sich in einem luftdicht verschließbaren Behältnis im Kühlschrank 4–5 Tage.

V ✦ ERGIBT: 24 STÜCK

ORANGEN-MANDEL-QUADRATE À LA PLACE CACHÉE

Die Place Cachée („Versteckter Platz") ist die Pariser Version der Winkelgasse. Eigentlich handelt es sich dabei sogar um zwei Orte: ein Shoppingcenter für Muggel und eine Einkaufsstraße für Zauberer. Zu ihr gelangt man durch einen geheimen Zugang, ähnlich dem Bahnsteig 9¾, nur dass er sich in Paris in der Bronzestatue einer Frau verbirgt. Aber auch sonst ähneln sich Winkelgasse und Place Cachée: In Paris gibt es ebenso einen Kesselladen – in dem man zusätzlich Kupferbackformen kaufen kann! –, außerdem eine Apotheke, ein Fachgeschäft für Zauberstäbe und natürlich eine Patisserie: die *Confiserie Enchantée*.

Unsere kleinen Orangen-Mandel-Quadrate würden sich in so einer feinen Pariser Patisserie ebenfalls gut machen: Sie werden mit Buttercreme überzogen, mit Mandelblättchen bestreut und haben die perfekte Größe, um mit einem Bissen verspeist zu werden.

ZUTATEN FÜR DEN MÜRBETEIG

155 g Mehl

125 g Butter

FÜR DEN BRANDTEIG

125 g Butter

1 TL Orangenextrakt

155 g Mehl

3 Eier

FÜR DIE BUTTER-CREME

750 g Puderzucker

375 g weiche Butter

5 EL Milch

ZUM BESTREUEN

60 g Mandelblättchen

½ TL frischer Orangenabrieb

ZUBEREITUNG DES MÜRBETEIGBODENS

Den Backofen auf 190 °C vorheizen und zwei Backbleche mit Backpapier auslegen.

Mehl und Butter in eine Schüssel geben und mit einer Gabel oder einem Teigmischer grob vermischen. 2 EL Wasser gleichmäßig darüberträufeln und dann mit den Händen einarbeiten, bis ein glatter Teig entsteht. Den Teig in zwei Portionen teilen und diese zu jeweils etwa 6 mm dünnen Ovalen ausrollen. Die Ovale jeweils auf eines der vorbereiteten Backbleche geben.

BRANDTEIG

250 ml Wasser und die Butter in einen Topf geben und bei hoher Temperatur erhitzen. Sobald die Butter komplett geschmolzen ist, das Orangenextrakt unterrühren und den Topf von der Hitze nehmen. Zügig das Mehl dazugeben und kräftig unterrühren, bis eine glatte Teigkugel entsteht. Nach und nach die Eier dazugeben und mit dem Handrührgerät unterrühren, bis ein glatter Teig entsteht.

Je die Hälfte des Brandteigs auf ein Mürbeteigoval geben und gleichmäßig verteilen.

Die Brandteigovale etwa 1 Stunde backen, bis sie an den Rändern goldbraun sind, dann aus dem Backofen nehmen und abkühlen lassen.

BUTTERCREME

Puderzucker, Butter und Milch in der Küchenmaschine oder einer großen Schüssel mit dem Handrührgerät zunächst etwa 1 Minute auf niedrigster Stufe verrühren, bis sich die Zutaten gut vermischt haben. Dann auf die höchste Stufe schalten und etwa 10 Minuten weiterrühren, bis eine kompakte, glatte Creme entsteht.

Die Buttercreme auf den Brandteigovalen verteilen, gleichmäßig verstreichen und mit Mandelblättchen und Orangenabrieb bestreuen. Die Ovale anschließend in etwa 2,5–5 cm große Quadrate schneiden.

Die Orangen-Mandel-Quadrate halten sich in einem luftdicht verschließbaren Behältnis bei Zimmertemperatur 2–3 Tage.

CONFISERIE ENCHANTÉE - DÉLICES SUCRÉS RAFFINÉS - SUBLIME BONBONS DELICATS

(VERZAUBERTE KONFISERIE – ERLESENE SÜSSE KÖSTLICHKEITEN – EDLE BONBONSPEZIALITÄTEN)

Schild der *Confiserie Enchantée* an der Place Cachée in Paris

Phantastische Tierwesen: Grindelwalds Verbrechen

✦ HINTER DER MAGIE ✦

Obwohl man die Geschäfte an der Place Cachée nie von innen sieht, weil sie keiner der Schauspieler betritt, sind sie komplett eingerichtet!

„SIE ALLE WISSEN NATÜRLICH, WIE HOGWARTS GEGRÜNDET WURDE VOR ÜBER 1000 JAHREN, UND ZWAR VON DEN VIER GRÖSSTEN HEXEN UND ZAUBERERN IHRER ZEIT: GODRIC GRYFFINDOR, HELGA HUFFLEPUFF, ROWENA RAVENCLAW UND SALAZAR SLYTHERIN."

Minerva McGonagall

Harry Potter und die Kammer des Schreckens

V ✦ FÜR 8–12 PERSONEN

PETIT-FOUR-SCHNITTEN IN DEN HOGWARTS-HAUSFARBEN

Die Schichten dieser bunten Petit-Four-Schnitten symbolisieren die Farben der vier Häuser der Hogwarts-Schule für Hexerei und Zauberei – und sie sind jeweils mit einem geschmacklich passenden Tee aromatisiert.

Die rote Schicht, die nach Himbeer- oder Erdbeertee schmeckt, steht für Gryffindor. Die grüne Schicht, die mit Minztee verfeinert wird, symbolisiert Slytherin. Für das kräftige Ravenclaw-Blau sorgen Schmetterlingserbsentee und blaues Spirulina-Pulver, und die gelbe Hufflepuff-Schicht wird mit Zitronen-Limetten-Tee aromatisiert. Für einen Hauch zusätzlicher Magie sorgen essbarer Goldstaub und kleine essbare Goldsterne.

ZUTATEN FÜR DIE KUCHENSCHICHTEN

- 250 g weiche Butter, plus 2 EL für die Form
- 500 g Zucker
- 4 Eier (Zimmertemperatur)
- 465 g Mehl
- 1 EL Backpulver
- 250 ml Milch (Zimmertemperatur)
- 2 TL Vanilleextrakt
- 1 Beutel Himbeer- oder Erdbeertee
- 20 Tropfen rote Lebensmittelfarbe

ZUBEREITUNG DER KUCHENSCHICHTEN

Den Backofen auf 180 °C vorheizen und vier kleine quadratische Backformen (20 x 20 cm) mit Butter einfetten.

Butter und Zucker in eine große Schüssel geben und mit dem Handrührgerät auf mittlerer Stufe etwa 4 Minuten schaumig rühren.

Nach und nach die Eier dazugeben und jeweils gut unterrühren.

Mehl und Backpulver in eine mittelgroße Schüssel geben und mit einem Löffel gut vermischen.

Etwa ein Drittel der Mehlmischung und dann 155 ml Milch zur Butter-Zucker-Eier-Mischung geben und jeweils etwa 1 Minute gut unterrühren. Diesen Vorgang noch zweimal wiederholen, dann das Vanilleextrakt dazugeben und ebenfalls 1 Minute unterrühren.

FORTSETZUNG AUF SEITE 66

FORTSETZUNG VON SEITE 65

- 1 Beutel marokkanischer Minztee
- 12 Tropfen grüne Lebensmittelfarbe
- 1 Beutel Schmetterlingserbsentee
- 2 TL blaues Spirulina-Pulver
- 1 Beutel Zitronen-Limetten-Tee
- 25 Tropfen gelbe Lebensmittelfarbe

ZUM FÜLLEN

- 300 g Holunderkonfitüre

FÜR DEN ZUCKERGUSS

- 250 g Puderzucker
- 4 EL Milch

ZUM GARNIEREN

- essbarer Goldstaub und kleine essbare Goldsterne

Die Masse gleichmäßig auf vier Schüsseln verteilen. Die Teebeutel aufschneiden und zusammen mit der passenden Lebensmittelfarbe bzw. dem Spirulina-Pulver in jeweils eine Schüssel geben: Himbeer- oder Erdbeertee und rote Lebensmittelfarbe, Minztee und grüne Lebensmittelfarbe, Schmetterlingserbsentee und blaues Spirulina-Pulver sowie Zitronen-Limetten-Tee und gelbe Lebensmittelfarbe. Tee und Lebensmittelfarbe bzw. Spirulina-Pulver gut unterrühren und die verschiedenfarbigen Massen anschließend in die vorbereiteten Backformen geben.

Die Kuchen 30–35 Minuten backen, bis sie an den Rändern goldbraun sind und sich von den Seitenwänden der Backformen lösen. Bleibt an einem Holzstäbchen, das in einen der Kuchen gesteckt wird, kein Teig mehr haften, sind sie fertig.

Die Kuchen aus dem Backofen nehmen und etwa 1 Stunde in den Formen abkühlen lassen.

Sobald die Kuchen abgekühlt sind, einen Kuchen auf eine große Servierplatte geben, etwa 100 g Holunderkonfitüre daraufgeben und in einer dünnen Schicht verstreichen. Weiter abwechselnd Kuchen und Holunderkonfitüre schichten, dabei mit einem Kuchen enden.

ZUCKERGUSS

Puderzucker und Milch in eine mittelgroße Schüssel geben und etwa 7 Minuten gründlich verrühren, bis ein glatter Zuckerguss entsteht. Den Zuckerguss auf der Oberfläche des letzten Kuchens verteilen und zum Rand hin verstreichen, sodass er an den Seiten hinunterrinnt.

Zum Schluss den Zuckerguss mit Goldstaub und Goldsternen bestreuen und den Kuchen in etwa 2,5 cm breite Petit-Four-Schnitten schneiden.

Die Petit-Four-Schnitten halten sich in einem luftdicht verschließbaren Behältnis bei Zimmertemperatur 2–3 Tage.

✦ MUGGELMAGIE ✦

Petit Four heißt wörtlich übersetzt „kleiner Backofen“ – was aber nicht heißt, dass man die Leckerbissen nur in kleinen Backöfen zubereiten kann! Das „klein“ bezieht sich vielmehr auf die niedrigere Temperatur, bei der Petits Fours normalerweise gebacken werden.

ERGIBT: 10 SCONES

DOLORES UMBRIDGES NACHSITZ-SCONES

Während Professor Umbridge in *Harry Potter und der Orden des Phönix* ihren Nachmittagstee trinkt, muss Harry in ihrem Büro nachsitzen. „Sie ist ein Monster!", erklärt Imelda Staunton, die die Abgesandte des Zaubereiministeriums in den Harry-Potter-Filmen monstermäßig gut spielte. „Und wenn es auch kaum zu glauben ist: Aus ihrer Sicht tut sie nur das Beste für die Schule."

Dolores Umbridge, die Professor Dumbledore vom Zaubereiministerium aufgezwungen wurde und als Lehrerin für das Fach Verteidigung gegen die dunklen Künste nach Hogwarts kam, süßt ihren Tee zwar mit rosa Zucker, verzichtet aber gänzlich auf die beliebten Leckerbissen, die normalerweise zum Tee serviert werden. Zu den absoluten Klassikern, die bei einem echten britischen Nachmittagstee eigentlich nicht fehlen dürfen, zählen Scones: wunderbar mürbe, dezent süße kleine Köstlichkeiten, von denen man gar nicht genug bekommt.

ZUTATEN FÜR DEN TEIG

- 315 g Mehl, plus mehr für die Arbeitsfläche
- 1 EL Backpulver
- 2 TL Zucker, plus 1 EL zum Bestreuen
- 1 TL Salz
- 90 g Korinthen
- 210 g Sahne

ZUM BESTREICHEN

- 1 Eiweiß, mit 1 TL Wasser verquirlt

Den Backofen auf 220 °C vorheizen und ein Backblech bereitstellen.

Mehl, Backpulver, Zucker und Salz in eine große Schüssel geben und mit einem Löffel vermischen. Korinthen und Sahne dazugeben und unterrühren, bis ein grober Teig entsteht. Den Teig mit den Händen in der Schüssel zu einem glatten Teig verkneten, dabei den Teig immer wieder kräftig gegen die Seitenwände drücken.

Den Teig auf eine leicht bemehlte Arbeitsfläche geben und etwa 2 cm dick ausrollen. Mit einem runden Ausstecher (ø 7,5 cm) so viele Teigkreise wie möglich ausstechen, dabei darauf achten, den Ausstecher möglichst gerade zu halten, und dann mit jeweils etwa 5 cm Abstand zueinander auf das Backblech geben. Die Teigreste verkneten, wieder ausrollen und weitere Kreise ausstechen, bis der ganze Teig verbraucht ist.

Mit einem Backpinsel die Eiweißmischung auf den Teigkreisen verteilen, dann mit Zucker bestreuen.

Die Scones 10–12 Minuten backen, bis sie goldbraun sind, dann aus dem Backofen nehmen und auf einem Kuchengitter abkühlen lassen. Am besten schmecken sie lauwarm oder bei Zimmertemperatur.

✦ HINTER DER MAGIE ✦

Laut Imelda Staunton ist Umbridge „hinter ihrer Fassade verrückt und grausam. Sie ist alles andere als eine harmlose ältere Dame in hübschen rosa Outfits."

V ✦ ERGIBT:
20–25 KEKSE

TEDDYS GOLDMÜNZEN-KEKSE

Würde man den Schauspieler Eddie Redmayne nach seinem Lieblingstierwesen aus den Phantastische-Tierwesen-Filmen fragen, wäre das vermutlich der Niffler Teddy – für Newt, den Redmayne spielt, ist das gerissene Tierchen aber manchmal eher ein Fluch, so der Schauspieler. Niffler lieben glänzende Gegenstände jeder Art und tun alles, um sie zu bekommen. In *Phantastische Tierwesen und wo sie zu finden sind* zwängt sich Teddy sogar in einen Tresor, um seinen Beutel mit Gold vollzustopfen. Das kann der arme Newt natürlich nicht zulassen: Er muss dem Niffler die funkelnden Gegenstände schleunigst wieder abnehmen.

Um sich auf seine Rolle vorzubereiten, besuchte Redmayne unter anderem eine Zoologin, die ein Ameisenbärbaby betreute. „Wenn es sich zu einem kleinen Ball zusammenrollte, kitzelte sie seinen Bauch, um es dazu zu bringen, sich zu entspannen", so Redmayne. Und genau das tat dann auch Newt, um Teddy dazu zu bringen, seine wertvolle Beute herauszurücken!

Unsere zitronigen Buttercremekekse werden mit Goldstaub überzogen und sehen dadurch aus wie kleine Goldmünzen – die dem kleinen Niffler ganz sicher gut gefallen würden!

ZUTATEN FÜR DIE KEKSE

315 g Mehl

1¼ TL Natron

¼ TL Salz

250 g Zucker

125 g Butter

1½ TL Vanilleextrakt

1 Ei (L, Zimmertemperatur)

Saft und abgeriebene Schale von 1 Bio-Zitrone

1 TL gelbe Lebensmittelfarbe

180 ml Milch

FÜR DIE BUTTERCREME

750 g Puderzucker

375 g weiche Butter

3 TL Vanilleextrakt

5 EL Milch

1 EL essbare Goldstreusel

ZUM DEKORIEREN

40 g essbarer Goldstaub und kleine essbare Goldsterne

„SO, ZUM LETZTEN MAL, DU LANGFINGRIGER LÜMMEL. PFOTEN WEG VON DEM, WAS NICHT DIR GEHÖRT!"

Newt Scamander

Phantastische Tierwesen und wo sie zu finden sind

ZUBEREITUNG DER KEKSE

Den Backofen auf 180 °C vorheizen und ein Backblech mit Backpapier auslegen.

Mehl, Natron und Salz in eine große Schüssel geben und gut vermischen.

Zucker und Butter schaumig rühren. Vanilleextrakt, Ei, Zitronensaft, Lebensmittelfarbe und ⅔ Zitronenabrieb dazugeben und unterrühren.

Erst die Hälfte der Mehlmischung und die Hälfte der Milch dazugeben und jeweils gut unterrühren, dann die restliche Mehlmischung sowie die restliche Milch unterrühren, bis alles gut vermischt ist.

Mit einem Eisportionierer Teigkugeln abstechen und mit jeweils 5 cm Abstand zueinander auf das vorbereitete Backblech geben. Die Kekse 10–15 Minuten backen, bis sie an den Rändern goldbraun sind, dann aus dem Backofen nehmen und abkühlen lassen.

BUTTERCREME

Puderzucker, Butter, Vanilleextrakt und Milch in der Küchenmaschine oder einer großen Schüssel mit dem Handrührgerät auf mittlerer Stufe etwa 10 Minuten verrühren, bis eine kompakte, glatte Creme entsteht.

Wenn die Kekse abgekühlt sind, geht es ans Zusammensetzen: Dafür einen kleinen Klecks Buttercreme auf die Unterseite eines Kekses geben, die Unterseite eines zweiten Kekses auf die Creme setzen und leicht zusammendrücken, sodass sich die Buttercreme bis zu den Rändern verteilt. Die Goldstreusel auf einen kleinen Teller geben und die Kekse so darin wenden, dass die Streusel an der Buttercreme haften. Dann die Kekse mit Goldstaub, Goldsternen und dem restlichen Zitronenabrieb bestreuen.

Die Kekse halten sich in einem luftdicht verschließbaren Behältnis bei Zimmertemperatur 2–3 Tage.

„HEY, JETZT HÖR ENDLICH AUF!“

Queenie Goldstein zu der schwebenden Teekanne, die sie ständig zurückdrängt

Phantastische Tierwesen: Grindelwalds Verbrechen

GF, V ✦ FÜR 12 PERSONEN

SCHWEBENDE TEEKANNE

Als Queenie Goldstein in *Phantastische Tierwesen: Grindelwalds Verbrechen* auf der Suche nach ihrer Schwester Tina verzweifelt durch Paris irrt, taucht plötzlich Vinda Rosier auf, die rechte Hand Grindelwalds. Sie lockt Queenie in eine von Anhängern Grindelwalds besetzte Villa und versucht, sie davon zu überzeugen, sich ihnen anzuschließen. Dabei bietet sie ihr Tee aus einer schwebenden Teekanne an – und als Queenie gehen möchte, weil ihr das Ganze nicht geheuer ist, wird sie von der Teekanne immer wieder zurückgedrängt.

Unsere schwebende Teekanne ist ein spektakulärer Blickfang für jede Teetafel. Wer möchte, kann Honig, kandierten Ingwer, Zitrone, Sahne, Zuckerherzen und Minze um sie herum arrangieren – sowie eine kleine Schere, um einzelne Minzblätter abzuschneiden!

ZUTATEN FÜR DEN KANDIERTEN INGWER

140 g Ingwer, geschält und in etwa 12 mm große Stücke geschnitten

500 g Zucker

FÜR DIE ZUCKERHERZEN

250 g pinker Dekozucker

BESONDERES ZUBEHÖR

Silikonform mit herzförmigen Vertiefungen (ø 2,5 cm)

ZUBEREITUNG DES KANDIERTEN INGWERS

Ingwerstücke, 500 ml Wasser und 250 g Zucker in einen mittelgroßen Topf geben, einmal aufkochen lassen, dann die Temperatur etwas reduzieren und die Mischung etwa 1 Stunde sanft köcheln lassen.

Die Ingwerstücke abgießen und das Zuckerwasser wegschütten. Die Ingwerstücke und den restlichen Zucker (250 g) in eine kleine Schüssel geben, gut vermischen und etwa 30 Minuten trocknen lassen. Die Ingwerstücke herausnehmen und auf einen kleinen Servierteller geben.

ZUCKERHERZEN

Den Dekozucker und 1 TL Wasser in eine mittelgroße Schüssel geben und etwa 1 Minute vermischen, bis der Zucker gleichmäßig feucht und leicht klebrig ist. Je 1 TL der Zuckermischung in die Vertiefungen der Silikonform geben, gleichmäßig verteilen und gut festdrücken.

Ein Stück beschichtetes Backpapier auf die Arbeitsfläche legen. Die Zuckerherzen vorsichtig aus der Form auf das Backpapier drücken und etwa 30 Minuten fest werden lassen. Noch besser ist es, wenn man die Zuckerherzen mit einem zweiten Stück Backpapier abdeckt und über Nacht fest werden lässt. Die Zuckerherzen in eine kleine Schüssel geben.

FORTSETZUNG AUF SEITE 72

FORTSETZUNG VON SEITE 71

FÜR DIE SCHWEBENDE TEEKANNE

starker, wasserfester PU-Kleber
1 Teetablett
1 Teetasse
1 Untertasse
1 etwa 30 cm langer Barlöffel aus Metall
1 kleine Teekanne, bevorzugt aus Silber, mit Deckel
1 großer Bund frische Minze
1 kleine Schere (z. B. eine Nagelschere)
1 etwa 30 cm langes dünnes Band
1 große Zitrone, in dünne Scheiben geschnitten und diese geviertelt
250 g Sahne
740 g Honig
5 kleine Glasschüsseln
1 Zuckerzange

TIPP ✦ Wer keine Silikonform mit herzförmigen Vertiefungen hat, kann den Dekozucker einfach mit den Fingern zu kleinen Kugeln formen und trocknen lassen.

HERSTELLUNG DER SCHWEBENDEN TEEKANNE

Etwa 2 EL Kleber mittig auf das Tablett geben, die Untertasse daraufsetzen und leicht festdrücken. Anschließend 1 EL Kleber mittig auf die Untertasse geben, die Teetasse daraufsetzen und leicht festdrücken. Den Kleber etwa 4 Stunden trocknen lassen, dabei die Teetasse mit einem schweren Gegenstand, etwa einem Buch, beschweren.

Den Barlöffel an einer Seite im 45-Grad-Winkel und an der anderen Seite so abbiegen, dass der Löffel im Inneren der Teetasse an der Seitenwand anliegt.

Die Teetasse zu etwa einem Drittel mit Kleber füllen und das entsprechend abgebogene Ende des Barlöffels hineingeben. Den Barlöffel so abstützen, dass er in der richtigen Position bleibt, und den Kleber mindestens 4 Stunden oder noch besser über Nacht trocknen lassen.

Sobald der Kleber getrocknet ist, das Tablett seitlich aufstellen und mit Handtüchern so stabilisieren, dass man das andere Ende des Barlöffels in den Ausguss der auf der Arbeitsfläche stehenden Teekanne stecken kann. Reichlich Kleber im Ausguss verteilen, den Barlöffel hineinstecken und 24–48 Stunden trocknen lassen.

Zum Servieren alle Stellen, an denen sich getrockneter Kleber befindet, mit Frischhaltefolie abdecken. Mehrere Minzzweige in die Teetasse geben, sodass die Frischhaltefolie nicht mehr zu sehen ist, und einige Minzzweige um den Barlöffel wickeln, sodass auch dieser nicht mehr zu sehen ist. Dabei jeweils darauf achten, dass die Minze nicht mit dem getrockneten Kleber in Berührung kommt. Die Schere mit dem Band an den Henkel der Teekanne binden – damit können sich die Gäste frische Minzblätter für ihren Tee abschneiden.

Zitronenscheiben, Sahne, Honig, kandierten Ingwer und Zuckerherzen jeweils separat in die Glasschüsseln geben und die Zuckerzange in die Schüssel mit den Zuckerherzen legen.

Sahne, kandierter Ingwer, Zitronenscheiben und frische Minze halten sich separat im luftdicht verschließbaren Behältnis im Kühlschrank 1–2 Tage. Die Zuckerherzen halten sich im luftdicht verschließbaren Behältnis bei Zimmertemperatur 3–4 Wochen.

LONDON TO HOGW
Platfo

KAPITEL ZWEI

HERZHAFTE HÄPPCHEN

GF, V ✦ ERGIBT:
16 SCHIFFCHEN

DURMSTRANG-SCHIFFCHEN MIT SCHOPSKA-SALAT

Schopska-Salat ist ein traditioneller Salat der Balkanküche, der seinen Ursprung in Bulgarien hat. Die Zutaten – weiße Zwiebeln und Tvorog, ein körniger bulgarischer Frischkäse, grüne Gurken und Petersilie sowie rote Tomaten – erinnern an die Farben der bulgarischen Flagge. Hier wird dieser klassische Salat in mundgerechten Endivienblätter-Schiffchen serviert, die an das Schiff von Durmstrang erinnern.

Für die zweite Aufgabe des Trimagischen Turniers, die im Großen See stattfindet, lernte Stanislav Ianevski, der den Durmstrang-Champion Viktor Krum spielt, das Tauchen. Und für eine Szene, in der Viktor Krum vom Durmstrang-Schiff ins Wasser springt, trainierte er sogar Turmspringen – diese Szene hat es aber leider nicht in den Film geschafft.

ZUTATEN FÜR DEN SCHOPSKA-SALAT

- 6 große Strauchtomaten, in Würfel geschnitten
- 2 Salatgurken, in Stücke geschnitten
- 1 Poblano-Chilischote, Stiel und Samen entfernt und in feine Würfel geschnitten
- 1 Bund Petersilie, Stiele entfernt und gehackt
- 125 g in feine Würfel geschnittene rote Zwiebel
- 300 g Tvorog

ZUBEREITUNG DES SCHOPSKA-SALATS

Tomaten, Gurken, Poblano-Chilischote, Petersilie, Zwiebeln und Tvorog in eine große Schüssel geben und gut vermischen.

DRESSING

Die Schale der Orangen abreiben und in eine kleine Schüssel geben. Die Orangen halbieren und in einen Dressingshaker auspressen. Honig, Champagneressig, Olivenöl, Knoblauch, Salz und Pfeffer dazugeben und kräftig schütteln, bis alles gut vermischt ist und ein sämiges Dressing entsteht. Alternativ alle Zutaten für das Dressing in eine große Schüssel geben und mit einem Löffel verrühren.

Das Dressing über dem Salat verteilen und dann gut unterheben.

FORTSETZUNG AUF SEITE 78

FORTSETZUNG VON SEITE 77

FÜR DAS DRESSING

2 mittelgroße Bio-Orangen

90 g Honig

1 EL Champagneressig

2 EL natives Olivenöl extra

2 Knoblauchzehen, fein gehackt

1 Prise Salz

1 Prise frisch gemahlener bunter Pfeffer

ZUM ANRICHTEN

2 Köpfe Radicchio

3 Köpfe Chicorée

TIPP ✦ Tvorog ist auch als *Sirene* oder *Bulgarischer Schafskäse* bekannt. Als Ersatz eignen sich Feta und andere Salzlakenkäse.

16 schöne, große Radicchio- und Chicorée-Blätter ohne Risse und Löcher abwechselnd kreisförmig auf einer großen Servierplatte anrichten, in jedes 1–2 EL Schopska-Salat geben und mit Orangenabrieb bestreuen.

Die Schiffchen halten sich in einem luftdicht verschließbaren Behältnis im Kühlschrank 1–2 Tage.

„UND NUN UNSERE FREUNDE AUS DEM NORDEN. BEGRÜSSEN WIR DIE STOLZEN SÖHNE VON DURMSTRANG."

Albus Dumbledore

Harry Potter und der Feuerkelch

GF* ✦ ERGIBT:
12 SANDWICHES

TEESANDWICHES MIT „RABEN"-SPIEGELEIERN

In *Phantastische Tierwesen: Grindelwalds Verbrechen* sieht man, wie sich der schüchterne, ehrgeizige Hufflepuff-Schüler Newt Scamander mit der Slytherin-Schülerin Leta Lestrange anfreundet, die sehr unter den Gehässigkeiten ihrer Mitschülerinnen leidet. Nach einer von vielen unangenehmen Episoden flüchtet sich Leta in einen Schrank im Slytherin-Turm, wo sich Newt um kranke und verletzte Tiere kümmert – darunter auch ein frisch geschlüpftes Rabenküken.

„Sie sind Außenseiter, deshalb finden sie zueinander", sagt Zoë Kravitz (Leta). „Newt ist sehr mitfühlend. Er nimmt sich derer an, die niemanden haben, genau wie Leta. Er sieht in ihr eines seiner hilfloses Tierwesen – oder, wie Leta sagen würde, Monster – und mag sie gerade deshalb."

Für unsere leckeren kleinen Teesandwiches werden Spiegeleier – natürlich aus normalen Hühnereiern und nicht aus Rabeneiern! – auf getoastetem Brot angerichtet und mit scharfem Paprikapulver bestreut serviert, das Letas aufbrausende Natur symbolisieren soll.

- 6 große Scheiben Weizen-Roggen-Brot
- 2 EL Butter
- 12 Eier (L)
- ¼ TL Salz
- ¼ TL frisch gemahlener Pfeffer
- 2 EL geriebener Cheddar
- 1 Prise scharfes Paprikapulver

TIPP ✦ Für eine glutenfreie Variante die Spiegeleier ohne (oder mit glutenfreiem) Brot servieren.

Die Brotscheiben toasten, dann die Rinde entfernen und die Scheiben jeweils in vier kleine Quadrate schneiden.

Die Butter in eine große Pfanne geben und bei mittlerer Temperatur zerlassen.

Die Eier hineingeben und etwa 2 Minuten anbraten, sodass die Eigelbe innen noch schön flüssig bleiben. Die Spiegeleier mit Salz, Pfeffer und Cheddar bestreuen.

Falls nötig das Eiweiß mit einem Spatel trennen, sodass zwölf separate Spiegeleier mit jeweils einem Eigelb entstehen.

Jeweils ein Spiegelei auf zwölf der Brotquadrate geben, dabei wenn nötig das Eiweiß wegschneiden oder über das Eigelb klappen, sodass die Spiegeleier nicht über die Ränder hinausragen. Jeweils ein weiteres Brotquadrat daraufsetzen und mit einem Bambusspieß fixieren.

Zum Servieren die Teesandwiches auf eine große Platte geben und mit scharfem Paprikapulver bestreuen.

Die Spiegeleier halten sich in einem luftdicht verschließbaren Behältnis im Kühlschrank 2–3 Tage. Das Brot hält sich in einem luftdicht verschließbaren Behältnis bei Zimmertemperatur 3–4 Tage.

GF ✦ ERGIBT: 16 HÄPPCHEN

BOOT-HÄPPCHEN MIT SALADE NIÇOISE

In *Harry Potter und der Stein der Weisen* dürfen die Erstklässler mit Booten über den Großen See zum Schloss fahren. Für Alfred Enoch, der den Gryffindor-Schüler Dean Thomas spielt, war der Dreh auf den kleinen, mit Laternen beleuchteten Booten etwas ganz Besonderes. Die Filmemacher hatten dafür im Studio ein riesiges, flaches Becken gebaut, durch das die Boote gezogen wurden, sodass sie ruhig dahinglitten. „Im fertigen Film sah es so unglaublich mühelos aus", erinnert sich Enoch. „Das war das erste Mal, dass ich was von der Filmmagie miterlebt habe: Am Ende sieht alles perfekt aus, aber es steckt unglaublich viel Arbeit und handwerkliches Können dahinter."

Für unsere Häppchen, die von den kleinen Booten inspiriert sind, in denen die Erstklässler nach Hogwarts fahren, werden Radicchio-Schiffchen mit herrlich zitronigem Thunfisch, gerösteten Kartoffelwürfeln, grünen Bohnen, hart gekochten Eiern, Tomaten und Kalamata-Oliven in einem leichten Dijon-Senf-Dressing gefüllt.

ZUTATEN FÜR DEN THUNFISCH

- 2 EL weiche Butter, plus 1 EL für die Form
- 2 Thunfischsteaks (à 250 g)
- 1 Zitrone
- 15 g gehackter Dill
- ¼ TL Salz
- ¼ TL frisch gemahlener Pfeffer

FÜR DIE GERÖSTETEN KARTOFFELWÜRFEL

- 1 EL Butter
- 155 g geschälte Babykartoffeln, in etwa 12 mm große Würfel geschnitten
- 1 Knoblauchzehe, gehackt
- ¼ TL Salz
- ¼ TL frisch gemahlener bunter Pfeffer

FÜR DEN SALAT

- 3 Eier (L), hart gekocht, geschält und in etwa 12 mm große Würfel geschnitten
- 2 mittelgroße Strauchtomaten, in etwa 12 mm große Würfel geschnitten
- 100 g grüne Bohnen, in etwa 12 mm große Stücke geschnitten
- 40 g gehackte Kalamata-Oliven
- 1 Kopf Radicchio

FÜR DAS DRESSING

- 125 g Dijon-Senf
- 2 EL Champagneressig
- Saft von 1 Zitrone
- 1 Knoblauchzehe, gehackt
- ¼ TL Salz
- ¼ TL frisch gemahlener schwarzer Pfeffer
- ¼ TL Zucker

ZUBEREITUNG DES THUNFISCHS

Den Backofen auf 190 °C vorheizen und eine Tarteform oder eine kleine quadratische Backform (20 x 20 cm) mit Butter einfetten.

Die Thunfischsteaks unter fließendem kaltem Wasser abspülen, mit Küchenpapier trocken tupfen und in die Form geben. Die Zitrone halbieren, eine Hälfte in dünne Scheiben schneiden und die andere über den Thunfischsteaks auspressen. Eine der Zitronenscheiben halbieren und auf jedes Thunfischsteak eine Hälfte legen. Außerdem die Butter in kleinen Flöckchen sowie die Hälfte des Dills auf den Steaks verteilen und mit Salz und Pfeffer bestreuen.

Die Thunfischsteaks etwa 30 Minuten im Backofen garen, bis sie unter der Gabel zerfallen und die Temperatur im Inneren etwa 52 °C beträgt.

Die Thunfischsteaks herausnehmen, abkühlen lassen und dann in den Kühlschrank geben. Den Backofen nicht ausschalten.

GERÖSTETE KARTOFFELWÜRFEL

Die Tarteform mit Butter einfetten. Kartoffelwürfel und Knoblauch hineingeben, gut vermischen und mit Salz und Pfeffer bestreuen.

Die Kartoffelwürfel 10–12 Minuten im Backofen rösten, bis sie goldbraun und an den Rändern leicht knusprig sind, dabei nach 8 Minuten einmal umrühren. Die Kartoffelwürfel aus dem Backofen nehmen und abkühlen lassen.

Die Thunfischsteaks mit einer Gabel in etwa 12 mm große Stücke zerteilen.

SALAT

Geröstete Kartoffelwürfel, Eier, Tomaten, Bohnen und Oliven in eine große Schüssel geben und gut vermischen.

DRESSING

Dijon-Senf, Champagneressig, Zitronensaft, Knoblauch, Salz, Pfeffer und Zucker in einen Dressingshaker geben und etwa 20 Mal kräftig schütteln, bis alles gut vermischt ist. Alternativ alle Zutaten für das Dressing in eine große Schüssel geben und mit einem Löffel verrühren.

Das Dressing zum Salat geben und unterrühren, bis alle Zutaten damit überzogen sind. Die Thunfischstücke dazugeben und vorsichtig unterheben, damit sie nicht zerfallen.

16 schöne, große Radicchioblätter aussuchen, die weder Risse noch Löcher aufweisen, auf einer große Platte anrichten, in jedes 1–2 EL Salat geben und mit dem restlichen Dill bestreuen.

Die Boot-Häppchen schmecken am besten frisch zubereitet.

„ALSO SCHÖN! ERSTKLÄSSLER ZU MIR, BITTE!“

Rubeus Hagrid

Harry Potter und der Stein der Weisen

FÜR 12 PERSONEN

RONS MINI-TEESANDWICHES

Als die Imbisswagen-Hexe im Hogwarts-Express mit ihren magischen Leckereien an die Abteiltür klopft, lehnt Ron dankend ab und beißt missmutig in sein mitgebrachtes Sandwich. Beim Dreh dieser denkwürdigen Szene im Hogwarts-Express lernen Harry und Ron sich kennen. „Wir saßen uns gegenüber und haben ständig gekichert", erinnert sich Rupert Grint, der Ron spielte. „Es war unmöglich, die Szene so zu drehen. Da ist [Regisseur] Chris Columbus eingesprungen: Er spielte Harry, wenn sie mich filmten, und mich, wenn Dan an der Reihe war."

Unsere köstlichen Teesandwiches mit Tomate und Speck, Eiersalat oder Schinkenaufstrich hätte Ron bestimmt begeistert verputzt. Am besten richtet man die kleinen Happen auf einer Etagere oder einer großen Platte an und garniert sie mit Thymian, Cornichons und Rosmarin.

ZUTATEN FÜR DIE FÜLLUNG MIT TOMATEN UND SPECK

250 g Speck in Scheiben

2 Strauchtomaten

1 TL Zucker

4 Scheiben Kastenbrot mit Kümmel

MIT MAYO-AUFSTRICH

250 ml Mayonnaise

10 g in Streifen geschnittener frischer Estragon

1 TL frischer Limettensaft

¼ TL Salz

¼ TL frisch gemahlener schwarzer Pfeffer

¼ TL scharfes Paprikapulver

1 EL frische Thymianblätter

ZUBEREITUNG DER SANDWICHES MIT TOMATEN UND SPECK

Den Backofen auf 180 °C vorheizen. Die Speckscheiben auf ein Backblech legen und etwa 30 Minuten backen, bis sie knusprig sind.

Die Speckscheiben aus dem Backofen nehmen, auf einen mit Küchenpapier ausgelegten Teller geben und auf Zimmertemperatur abkühlen lassen.

Die Tomaten in etwa 6 mm dünne Scheiben schneiden und mit Zucker bestreuen.

SANDWICHES MIT MAYO-AUFSTRICH

Mayonnaise, Estragon, Limettensaft, Salz, Pfeffer und Paprikapulver im Standmixer pürieren, bis alles gut vermischt ist. Die Mischung mit einem Spatel von den Seitenwänden nach unten schieben und nochmals kurz mixen.

Mit einem scharfen Messer die Rinde von den Brotscheiben schneiden. Je 4 EL Aufstrich auf zwei der Brotscheiben verstreichen, mit jeweils einer Tomatenscheibe und drei knusprigen Speckstreifen belegen und je eine der anderen beiden Brotscheiben daraufsetzen. Die Sandwiches vierteln und mit Thymianblättern bestreuen.

FORTSETZUNG AUF SEITE 84

FORTSETZUNG VON SEITE 83

MIT EIERSALAT

- 4 hart gekochte Eier
- 250 ml Mayonnaise
- 60 g Senf
- ¼ TL Salz
- ¼ TL frisch gemahlener Pfeffer
- 4 Scheiben Roggenbrot in Kastenform
- 1 EL frische Thymianblätter

MIT SCHINKENAUFSTRICH

- 250 g Schinken, in feine Würfel geschnitten
- 125 ml Mayonnaise
- 2 EL Gurken-Relish
- 1 EL gehackter Stangensellerie
- ½ EL in feine Würfel geschnittene rote Zwiebel
- ¼ TL frisch gemahlener Pfeffer
- 4 Scheiben Toast
- 8 Cornichons
- 8 frische Rosmarinzweige

SANDWICHES MIT EIERSALAT

Die hart gekochten Eier in eine Schüssel geben und mit einer Gabel zerdrücken. Mayonnaise, Senf, Salz und Pfeffer dazugeben und gut verrühren.

Mit einem scharfen Messer die Rinde von den Brotscheiben schneiden und die Brotscheiben der Länge nach halbieren. Je 2 EL Eiersalat auf vier der Brotstreifen verteilen und je eine der anderen vier Brotstreifen daraufsetzen. Die Sandwiches halbieren, sodass kleine Quadrate entstehen, und mit Thymianblättern bestreuen.

SANDWICHES MIT SCHINKENAUFSTRICH

Schinken, Mayonnaise, Relish, Sellerie, Zwiebeln und Pfeffer in eine Schüssel geben und gut verrühren.

Mit einem scharfen Messer die Rinde von den Toastscheiben schneiden. Je 4 EL Schinkenaufstrich auf zwei der Toastscheiben verteilen und je eine der anderen beiden Toastscheiben daraufsetzen. Die Sandwiches vierteln und mit auf Rosmarinzweige gesteckten Cornichons garnieren.

Die Beläge halten sich separat in luftdicht verschließbaren Behältnissen im Kühlschrank 2–3 Tage. Die Brot- und Toastscheiben halten sich in einem luftdicht verschließbaren Behältnis bei Zimmertemperatur 4–5 Tage.

„IHR LIEBEN, ETWAS SÜSSES?“

„NEIN, DANKE. ICH BIN VERSORGT.“

Imbisswagen-Hexe und Ron Weasley

Harry Potter und der Stein der Weisen

GF ✦ FÜR 12 PERSONEN

ERBSENSUPPE, FAST WIE IM TROPFENDEN KESSEL

In *Harry Potter und der Stein der Weisen* besucht Harry mit Hagrid zum ersten Mal das bei Hexen und Zauberern beliebte Pub zum *Tropfenden Kessel*. Dort erfährt Harry, dass er „der Junge, der lebt“ genannt wird. In *Harry Potter und der Gefangene von Askaban* sieht man Harry nach seiner Flucht aus dem Ligusterweg im *Tropfenden Kessel*. Diesmal trifft er auf Zaubereiminister Cornelius Fudge, der ihm Linsensuppe anbietet. Die lehnt Harry allerdings dankend ab, denn im Fahrenden Ritter hatte ihn ein Schrumpfkopf davor gewarnt!

Für *Harry Potter und der Stein der Weisen* haben die Grafikdesigner eine Tafel kreiert, auf der die Spezialitäten des *Tropfenden Kessels* angepriesen werden. Neben „Leaky House Soup“, „House Soup Leaky“, „Leaky, Leaky Soup“ und „Soup, Soup, Soup“ gibt es natürlich auch Linsensuppe, die allerdings wenig bekömmlich zu sein scheint. Unsere Erbsensuppe dagegen ist garantiert harmlos – und wenn man sie in Cocktailschalen serviert, sieht sie auch noch absolut spektakulär aus!

- 500 g getrocknete grüne Erbsen
- 1 Schinkenknochen mit reichlich Schinken
- 1 mittelgroße rote oder gelbe Zwiebel, gehackt
- 1 TL Salz
- ½ TL gemahlener Pfeffer
- 4 Lorbeerblätter
- 10 Babykarotten, in etwa 1,5 cm große Stücke geschnitten
- 5 Selleriestangen, in etwa 1,5 cm große Stücke geschnitten

„ISS SIE SCHNELL, BEVOR SIE DICH ISST.“

Schrumpfkopf zu Harry Potter

Harry Potter und der Gefangene von Askaban

Die Erbsen unter fließendem kaltem Wasser abspülen, gut abtropfen lassen und in einen großen Topf oder Schmortopf geben. Wasser aufgießen, bis die Erbsen etwa 5 cm hoch bedeckt sind, bei hoher Hitze zum Kochen bringen und 3 Minuten sprudelnd kochen. Den Topf von der Hitze nehmen und die Erbsen mindestens 8 Stunden, besser noch über Nacht quellen lassen.

Die eingeweichten Erbsen abgießen und mit 2 l frischem Wasser, dem Schinkenknochen, Zwiebeln, Salz, Pfeffer und Lorbeerblättern zum Kochen bringen. Dann die Hitze reduzieren und unter gelegentlichem Umrühren etwa 90 Minuten köcheln lassen.

Den Schinkenknochen herausnehmen, das Fleisch ablösen, in Würfel schneiden und zusammen mit den Karotten und dem Sellerie zu den Erbsen geben. Die Suppe 1 Stunde unter gelegentlichem Umrühren köcheln lassen, bis sie schön cremig ist.

Die fertige Erbsensuppe in hitzebeständigen Cocktailschalen servieren.

Die Erbsensuppe hält sich in einem luftdicht verschließbaren Behältnis im Kühlschrank 3–4 Tage.

„JETZT KRIEG DICH GEFÄLLIGST WIEDER EIN. IMMERHIN GEHST DU GLEICH IN DEN WALD HINEIN.“

Argus Filch zu Rubeus Hagrid

Harry Potter und der Stein der Weisen

V ✦ ERGIBT: 8 TASCHEN

VERBOTEN GUTE PILZ-BLÄTTERTEIG-TASCHEN

Der Verbotene Wald kommt in allen Harry-Potter-Filmen außer in *Harry Potter und die Heiligtümer des Todes – Teil 1* vor, und er wird mit jedem Mal gruseliger, aber auch spektakulärer! Für *Harry Potter und der Orden des Phönix* gestaltete Szenenbildner Stuart Craig die Wurzeln der Bäume nach dem Vorbild tropischer Mangroven, bei denen es ihm zufolge so aussieht, als würden die Stämme von riesigen Fingern getragen.

Für die Füllung unserer verboten guten Blätterteigtaschen werden Champignons, Zwiebeln, Thymian und Knoblauch in Weißwein gedünstet – die Zutaten sind inspiriert von der vielfältigen Pflanzenwelt, die im Verbotenen Wald am Fuße der riesigen alten Bäume gedeiht.

- 500 g Blätterteig (aus dem Kühlregal)
- 4 EL weiche Butter
- 360 g Champignons, in feine Scheiben geschnitten
- 125 ml trockener Weißwein
- 1 EL frische Thymianblätter, plus 1 TL zum Bestreuen
- 1 EL rote Zwiebel, fein gewürfelt
- 1 Knoblauchzehe, gehackt
- 1 Eiweiß

✦ HINTER DER MAGIE ✦

Die größte Kulisse des Verbotenen Waldes wurde für *Harry Potter und die Heiligtümer des Todes – Teil 2* gebaut: ein sage und schreibe 180 Meter langes Rundum-Set.

Den Backofen auf 180 °C vorheizen und ein Backblech mit Backpapier auslegen.

2 EL Butter in eine schwere Pfanne geben und bei hoher Temperatur zerlassen. Champignons, Weißwein, Thymian, Zwiebeln und Knoblauch dazugeben, einmal aufkochen lassen, dann die Temperatur etwas reduzieren und 20–25 Minuten köcheln lassen.

Die Pfanne von der Hitze nehmen und die Füllung abkühlen lassen.

Den Blätterteig in acht 5 x 10 cm große Rechtecke und 24 dünne, etwa 10 cm lange Streifen schneiden. Aus je drei Streifen insgesamt 8 Zöpfe flechten. Dafür die drei Streifen nebeneinanderlegen und immer abwechselnd erst den linken, dann den rechten Teigstreifen über den mittleren Teigstreifen legen. Diesen Vorgang so lange wiederholen, bis ein hübscher kleiner Zopf entsteht.

FORTSETZUNG AUF SEITE 88

FORTSETZUNG VON SEITE 87

Jeweils 3 EL Füllung mittig auf eine Seite der Blätterteigrechtecke geben, dabei sollten an den Rändern mindestens 12 mm frei bleiben. Je ¼ TL Butter auf die Füllung geben, dann die Ecken der Blätterteigrechtecke über die Füllung falten, sodass kompakte kleine Taschen entstehen. Mit einer Gabel die offenen Seiten zusammendrücken.

Die Teigzöpfe auf die Blätterteigtaschen legen, sodass sie an einer kurzen Seite bündig mit dem Rand sind, und an dieser Stelle mit einer Gabel festdrücken. An der anderen sollten sie etwas über die Taschen hinausragen.

Das Eiweiß leicht verquirlen und mit einem Backpinsel auf den Taschen verteilen.

Mit einem scharfen Messer ein paar kleine Einschnitte in die Oberseite der Blätterteigtaschen machen, sodass beim Backen Luft entweichen kann.

Die Blätterteigtaschen auf das vorbereitete Backblech geben und 35–40 Minuten backen, bis sie goldbraun und knusprig sind.

Die Blätterteigtaschen aus dem Backofen nehmen und mit Thymian bestreuen.

Die Blätterteigtaschen halten sich in einem luftdicht verschließbaren Behältnis im Kühlschrank 2–3 Tage.

GF, V ✦ FÜR 4 PERSONEN

LUNA LOVEGOODS LAUWARMER RADIESCHENSALAT

Vor dem Haus der Lovegoods wachsen leuchtend orange, schwebende Lenkpflaumen – die Luna in *Harry Potter und der Orden des Phönix* sogar in Form von Ohrringen trägt. Kostümbildnerin Jany Temime ließ dafür einen ersten Entwurf fertigen, der allerdings von der Form her eher an rote Radieschen erinnerte. Zum Glück ist die Schauspielerin Evanna Lynch, die Luna spielt, ein großer Harry-Potter-Fan und bestens informiert: Sie machte Temime darauf aufmerksam – und fertigte die Ohrringe, die im Film zu sehen sind, kurzerhand selbst.

Unser lauwarmer Salat mit gerösteten Radieschen und Radieschengrün erinnert an Lunas Ohrringe und liefert zudem eine ordentliche Portion Kalium und Vitamin C. Man kann ihn auf einer Platte servieren, von der sich die Gäste selbst bedienen können, oder in kleinen Schüsseln, Wein- oder Sektgläsern – dabei kommen die bunten Radieschen besonders gut zur Geltung!

ZUTATEN FÜR DIE LAUWARMEN RADIESCHEN

- 3 Bund bunte Radieschen mit Blättern
- 2 Knoblauchzehen, fein gehackt
- 1 EL Honig

FÜR DAS DRESSING

- 1 EL Champagneressig
- ½ EL natives Olivenöl extra
- ¼ TL frisch gemahlener schwarzer Pfeffer
- 1 Prise Salz
- 1 Prise Zucker

„HÄNDE WEG VON DEN LENKPFLAUMEN!"

Schild am Gartentor der Lovegoods

Harry Potter und die Heiligtümer des Todes – Teil 1

ZUBEREITUNG DER LAUWARMEN RADIESCHEN

Den Backofen auf 180 °C vorheizen und ein Backblech mit Backpapier auslegen.

Die Radieschen putzen und größere Radieschen halbieren. Einige Radieschenblätter in feine Streifen schneiden.

Radieschen, Knoblauch und Honig in eine große Schüssel geben und vermischen.

Die Radieschen und den Großteil der Radieschenblattstreifen (den Rest zum Garnieren aufbewahren!) auf das vorbereitete Backblech geben und die Radieschen 15–20 Minuten backen, bis sie leicht Farbe angenommen haben. Die Radieschen aus dem Backofen nehmen und leicht abkühlen lassen.

DRESSING

Champagneressig, Olivenöl, Pfeffer, Salz und Zucker in einen Dressingshaker geben und kräftig schütteln, bis alles gut vermischt ist. Alternativ alle Zutaten für das Dressing in eine große Schüssel geben und mit einem Löffel verrühren.

Die lauwarmen Radieschen und das Dressing in eine große Schüssel geben und alles gut vermischen. Den Salat auf einer Platte oder in einzelnen Schüsseln oder Gläsern anrichten und mit den restlichen Radieschenblattstreifen bestreuen.

Der Radieschensalat hält sich in einem luftdicht verschließbaren Behältnis im Kühlschrank 3–4 Tage, am besten schmeckt er aber frisch.

GF ✦ ERGIBT:
4 FISCHKÜCHLEIN

FISCHKÜCHLEIN À LA GROSSER SEE

In *Harry Potter und der Feuerkelch* trifft Harry bei der zweiten Aufgabe des Trimagischen Turniers im Großen See auf Wassermenschen. Die sehen allerdings ganz anders aus, als Muggel sich Nixen und Seejungfrauen vorstellen. Anstatt sie einfach als Menschen mit Fischschwanz darzustellen, orientierten sich die Animationsdesigner an Fischen und Meerestieren. So bewegen sich die Schwanzflossen der Wassermenschen von links nach rechts, ihre Gesichtsform ist von Stören inspiriert, und ihre Haare erinnern an die Nesselfäden von Seeanemonen. Laut Maskenbildner Nick Dudman möchte man sich mit Wassermenschen wirklich nicht anlegen!

Unsere Fischküchlein mit pochierten Eiern und Brandysauce sind eine Hommage an den Großen See. Man kann sie entweder einzeln auf kleinen Tellern anrichten oder auf einer großen Platte, von der sich die Gäste selbst bedienen.

ZUTATEN FÜR DIE FISCHKÜCHLEIN

- 2 TL Butter, plus 1 TL für die Form
- 2 Kabeljau- oder Schellfischfilets (à etwa 250 g)
- Saft von 1 Zitrone
- ¼ TL Salz
- ¼ TL frisch gemahlener schwarzer Pfeffer
- 90 g zerbröselte Cracker
- 40 g gehackte frische Petersilie
- 2 Eier (L)
- 2 EL fein gehackte rote Zwiebel
- 1 kleine Knoblauchzehe, gehackt
- 1 TL gemahlene Senfkörner
- 60 ml Milch

FÜR DIE BRANDYSAUCE

- 480 g Schlagsahne
- 2 EL Brandy
- ¼ TL Chiliflocken
- 1 Prise Salz
- 1 Prise frisch gemahlener bunter Pfeffer
- 4 EL Paprikapulver

FÜR DIE POCHIERTEN EIER

- 1 TL Essig
- 4 Eier (L)

ZUM GARNIEREN

- 1 große Zitrone, in 12 Spalten geschnitten

„MYRTE, ES LEBEN DOCH KEINE WASSERMENSCHEN IM SCHWARZEN SEE, ODER?"

Harry Potter zur Maulenden Myrte

Harry Potter und der Feuerkelch

ZUBEREITUNG DER FISCHKÜCHLEIN

Den Backofen auf 180 °C vorheizen und eine kleine quadratische Backform (20 x 20 cm) oder eine Springform mit Butter einfetten.

Die Fischfilets unter fließendem kaltem Wasser abspülen, mit Küchentüchern trocken tupfen und in die vorbereitete Backform geben. Mit der Hälfte des Zitronensafts beträufeln, mit Salz und Pfeffer bestreuen und je 1 TL Butter daraufgeben.

Die Fischfilets 30–40 Minuten im Backofen garen, bis sie an den Rändern goldbraun sind und sich leicht zusammenziehen. Die Filets aus dem Backofen nehmen und etwa 5 Minuten abkühlen lassen. Den Backofen nicht ausschalten.

Die Filets mit einer Gabel zerkleinern und in eine große Schüssel geben. Zerbröselte Cracker, 30 g gehackte Petersilie, Eier, den restlichen Zitronensaft, Zwiebeln, Knoblauch, gemahlene Senfkörner und Milch dazugeben und gut vermischen, bis eine glatte Masse entsteht. Aus der Masse vier runde, etwa 12 mm hohe Küchlein mit einem Durchmesser von etwa 7,5 cm formen.

Die Fischküchlein in eine große Backform geben und 30–40 Minuten goldbraun backen. Die fertigen Fischküchlein aus dem Backofen nehmen und leicht abkühlen lassen.

BRANDYSAUCE

Die Sahne in einen mittelgroßen Topf geben und einmal aufkochen lassen. Dann die Temperatur etwas reduzieren und die Sahne etwa 10 Minuten unter gelegentlichem Umrühren sanft köcheln lassen, bis sie leicht eindickt. Brandy, Chiliflocken, Salz, Pfeffer und 3½ EL Paprikapulver unterrühren und die Sauce 25–30 Minuten sanft köcheln lassen, bis sie cremig ist.

POCHIERTE EIER

1,5 l Wasser in einem Topf zum Kochen bringen. Die Temperatur reduzieren, Essig dazugeben und mit dem Schneebesen fest umrühren, damit ein Strudel entsteht. Ein aufgeschlagenes Ei vorsichtig in den Strudel gleiten lassen und im siedenden Wasser 2–3 Minuten garen. Das pochierte Ei mit zwei großen Löffeln aus dem Wasser holen, auf Küchenkrepp abtropfen lassen und auf einen Teller legen. Die übrigen Eier genauso pochieren.

Die Fischküchlein auf kleine Teller geben, jeweils ein Viertel der Sauce darübergießen und ein pochiertes Ei daraufsetzen. Mit der restlichen Petersilie sowie einer Prise Paprikapulver bestreuen und mit Zitronenspalten zum Beträufeln servieren.

Fischküchlein, Brandysauce und pochierte Eier halten sich separat in luftdicht verschließbaren Behältnissen im Kühlschrank 1–2 Tage, am besten schmecken die Fischküchlein aber, wenn man sie sofort serviert.

V ✦ FÜR 12 PERSONEN

HEILIGTÜMER-DES-TODES-ZUPFBROT

Als die Requisiteure den Stein der Auferstehung für *Harry Potter und der Halbblutprinz* entwarfen, wussten sie noch nicht, dass auf ihm das Symbol der Heiligtümer des Todes eingraviert sein sollte. Zum Glück kam das siebte Buch, das diese Information enthält, heraus, bevor der Entwurf ganz fertig war, und das Symbol konnte noch hinzugefügt werden.

Die verschiedenen Bestandteile unseres leckeren Zupfbrots symbolisieren die Heiligtümer des Todes: Das dreieckige Brot steht für den Tarnumhang, der Elderstabs wird durch die Rosmarinzweige angedeutet, und die in einer runden Schüssel in der Mitte servierte Tomatensauce symbolisiert den Stein der Auferstehung.

Besonders praktisch: Von dem Zupfbrot lassen sich mit den Fingern ganz einfach einzelne Portionen „abzupfen“ – daher der Name! Man kann das Zupfbrot auf einem Teetablett oder einem großen Brett anrichten und entweder direkt auf der Teetafel oder etwa auf einem Sideboard servieren, sodass sich die Gäste wie an einem Buffet bedienen können.

ZUTATEN FÜR DAS ZUPFBROT

- 3 Rollen Aufback-Croissants (à 250 g)
- 225 g Minimozzarella-bällchen
- 60 g geriebener Parmesan
- 125 g Butter, zerlassen
- 1 EL in feine Würfel geschnittene rote Zwiebel
- 1 TL gehackter frischer Rosmarin
- 1 EL gehackter frischer Oregano
- ¼ TL Salz
- ¼ TL frisch gemahlener schwarzer Pfeffer
- 1 Eiweiß

ZUBEREITUNG DES ZUPFBROTS

Den Backofen auf 180 °C vorheizen und ein Backblech mit Backpapier auslegen.

Den Croissantteig in etwa 2,5 cm große Stücke schneiden und in eine große Schüssel geben. Mozzarella, Parmesan, Butter, Zwiebelwürfel, Rosmarin, Oregano, Salz und Pfeffer dazugeben und gut vermischen, bis die Teigstücke gleichmäßig mit zerlassener Butter überzogen sind.

Die Mischung anschließend dreiecksförmig auf das vorbereitete Backblech geben. Das Eiweiß leicht verquirlen und mit einem Backpinsel auf das Zupfbrot streichen.

Das Zupfbrot etwa 45 Minuten backen, bis es goldbraun ist. Das fertige Zupfbrot aus dem Backofen nehmen und auf ein großes Brett oder eine Servierplatte geben. Den Backofen nicht ausschalten.

FORTSETZUNG AUF SEITE 96

FORTSETZUNG VON SEITE 95

FÜR DIE TOMATENSAUCE

8 große Strauchtomaten, in etwa 2,5 cm große Stücke geschnitten

140 g Tomatenmark

125 ml natives Olivenöl extra

20 g gehackter frischer Oregano

½ TL fein gehackter Rosmarin

2 Knoblauchzehen, fein gehackt

1 TL Zucker

¼ TL Salz

¼ TL frisch gemahlener bunter Pfeffer

ZUM GARNIEREN

2 lange frische Rosmarinzweige

1 EL geriebener Parmesan

1 TL fein gehackter frischer Rosmarin

1 TL gehackter frischer Oregano

¼ TL Chiliflocken

TOMATENSAUCE

Tomaten, Tomatenmark, Olivenöl, Oregano, Rosmarin, Knoblauch, Zucker, Salz und Pfeffer in eine große Schüssel geben und gut verrühren.

Die Mischung in einer Backform in den Backofen geben. Nach etwa 30 Minuten gut umrühren und weiterbacken, bis sich die Haut von den Tomatenstücken ablöst. Nach etwa 45 Minuten aus dem Ofen holen, die Haut entfernen und die Tomatenstücke mit einem Löffel zerdrücken, bis eine grobe Sauce entsteht.

Die Tomatensauce in eine Glasschüssel füllen und in die Mitte des Zupfbrots stellen. Die Rosmarinzweige vertikal auf die Schüssel mit der Tomatensauce legen. Das fertige Zupfbrot mit Parmesan, Rosmarin, Oregano und Chiliflocken bestreuen.

Die Tomatensauce hält sich in einem luftdicht verschließbaren Behältnis im Kühlschrank 2–3 Tage. Das Zupfbrot hält sich in einem luftdicht verschließbaren Behältnis bei Zimmertemperatur 2–3 Tage.

„DER ELDERSTAB – DER MÄCHTIGSTE ZAUBERSTAB ALLER ZEITEN. DER STEIN DER AUFERSTEHUNG. DER UMHANG, DER UNSICHTBAR MACHT. DIESE DREI BILDEN DIE HEILIGTÜMER DES TODES. DIESE DREI MACHEN IHREN BESITZER ZUM BEZWINGER DES TODES."

Xenophilius Lovegood

Harry Potter und die Heiligtümer des Todes – Teil 1

GF ✦ ERGIBT: 8 KEULEN

GLASIERTE PUTENKEULEN WIE IN DER GROSSEN HALLE

Beim Begrüßungsessen in *Harry Potter und der Stein der Weisen* kann Ron von den gebratenen Putenkeulen gar nicht genug bekommen. Doch als er gerade beherzt nach einer weiteren Keule greifen will, taucht plötzlich der Fast Kopflose Nick auf – mitten in der Platte! An diese unvergessliche Szene erinnern unsere glasierten Putenkeulen. Sie werden verfeinert mit einer köstlichen Glasur aus Pinot Noir, Salbei, Sternanis, Pfeffer und Melasse – den dunkelbraunen Zuckersirup liebt Harry ganz besonders.

Regisseur Chris Columbus wollte für die Festessen in der Großen Halle ursprünglich echte Lebensmittel verwenden. Da das Essen während der Dreharbeiten aber oft längere Zeit dem heißen Scheinwerferlicht ausgesetzt war, sah es schnell nicht mehr appetitlich aus, sodass die Requisiteure bald vorwiegend aus Kunstharz gegossene „Gerichte" auftischten!

ZUTATEN FÜR DIE PUTENKEULEN

4 EL natives Olivenöl extra

8 Putenkeulen à 250 g (mit Knochen)

½ TL Salz

½ TL frisch gemahlener bunter Pfeffer

„DER FAST KOPFLOSE NICK! CHARLIE HAT VON IHM ERZÄHLT!"

Ron Weasley

Harry Potter und der Stein der Weisen

ZUBEREITUNG DER PUTENKEULEN

Den Backofen auf 190 °C vorheizen.

2 EL Olivenöl in eine große, schwere Pfanne geben und bei mittlerer Temperatur heiß werden lassen. Die Putenkeulen hineingeben, mit ¼ TL Salz und ¼ TL Pfeffer bestreuen und 8–10 Minuten anbraten, bis sie wunderbar knusprig sind. Die Putenkeulen wenden, die andere Seite mit dem restlichen Salz und dem restlichen Pfeffer (je ¼ TL) bestreuen und weitere 8–10 Minuten anbraten.

Einen Schmortopf oder eine Backform mit dem restlichen Olivenöl (2 EL) auspinseln und die angebratenen Putenkeulen hineingeben.

FORTSETZUNG AUF SEITE 98

FORTSETZUNG VON SEITE 97

FÜR DIE GLASUR

- 250 ml Pinot Noir
- 40 g gehackter frischer Salbei
- 185 g Honig
- 60 g brauner Zucker
- 85 g Melasse
- 1 TL gehackter Ingwer
- 2 Knoblauchzehen, fein gehackt
- 1 Lorbeerblatt
- 1 Sternanis
- ½ TL Wacholderbeeren
- ¼ TL gemahlene Senfkörner
- ¼ TL Salz
- ¼ TL frisch gemahlener bunter Pfeffer
- 1 Prise gemahlene Nelken

GLASUR

Den Pinot Noir, 20 g Salbei, den Honig, den braunen Zucker, die Melasse, den Ingwer, den Knoblauch, das Lorbeerblatt, den Sternanis, die Wacholderbeeren sowie die gemahlenen Senfkörner und Nelken in einen kleinen Topf geben und zum Kochen bringen. Die Temperatur etwas reduzieren und die Mischung unter gelegentlichem Umrühren etwa 45 Minuten sanft köcheln lassen. Die Mischung anschließend durch ein feines Sieb in eine große Schüssel gießen und das Lorbeerblatt, den Sternanis und die Wacholderbeeren wegwerfen.

Die Glasur mit einem Backpinsel großzügig über die Putenkeulen streichen.

Die glasierten Putenkeulen 1½–2 Stunden im Backofen rösten. Nach 45 Minuten und nach weiteren 30 Minuten wenden und nochmals großzügig mit Glasur bestreichen. Wenn das Bratenthermometer in der dicksten Stelle einer Keule 74 °C anzeigt, sind die Keulen gar.

Die glasierten Putenkeulen auf einer großen Servierplatte anrichten und mit dem restlichen Salbei (20 g) bestreuen.

Die glasierten Putenkeulen halten sich in einem luftdicht verschließbaren Behältnis im Kühlschrank 2–3 Tage.

Pacific

GF ✦ FÜR 16 PERSONEN

BOWTRUCKLE-BUTTER-BOARD

Nachdem sich Newt Scamander und Leta Lestrange in *Phantastische Tierwesen: Grindelwalds Verbrechen* angefreundet haben, nimmt Newt die verzweifelte Leta mit auf die Bowtruckle-Insel im Großen See, um sie aufzumuntern. Dort zeigt er ihr eine Bowtruckle-Familie, die in einem knorrigen alten Baum lebt. Die scheuen, aber sehr schlauen Tierwesen sehen Zweigen und Blättern täuschend ähnlich und sind in dem Baum kaum zu entdecken!

Dieses Butter-Board mit Brokkoliröschen, knusprigen Speckstückchen, Rosinen und Radicchio ist eine Hommage an die grünen Bewohner der Bowtruckle-Insel, und der Honig steht dafür, wie Newt Leta die gemeinsame Schulzeit versüßt. Zum Schluss wird das Butter-Board mit herrlich knusprigen gerösteten Mandelblättchen bestreut – und schon kann man mit getoastetem Rosinenbrot oder Crackern nach Lust und Laune losdippen.

ZUTATEN FÜR DIE MANDELBLÄTTCHEN

- 75 g Mandelblättchen
- 1 EL natives Olivenöl extra
- ¼ TL Salz
- ¼ TL frisch gemahlener schwarzer Pfeffer

FÜR DAS BUTTER-BOARD

- 250 g weiche Butter
- 1 EL Honig
- 60 g gedämpfte Brokkoliröschen
- 30 g knusprig gebratene Speckwürfel
- 1 EL Rosinen
- 30 g in feine Streifen geschnittener Radicchio

ZUM SERVIEREN

- getoastetes Rosinenbrot oder Cracker

ZUBEREITUNG DER GERÖSTETEN MANDELBLÄTTCHEN

Den Backofen auf 180 °C vorheizen und ein Backblech mit Backpapier auslegen.

Mandelblättchen, Olivenöl, Salz und Pfeffer in eine kleine Schüssel geben und gut vermischen. Die Mandelblättchen in einer Schicht auf dem vorbereiteten Backblech verteilen und 20 Minuten im Backofen rösten, dabei nach 10 Minuten einmal umrühren. Die gerösteten Mandelblättchen herausnehmen und abkühlen lassen.

BUTTER-BOARD

Die Butter mit einem Buttermesser gleichmäßig auf einem großen Brett oder einer Servierplatte verteilen und dann mit Honig beträufeln. Brokkoliröschen, Speckwürfel, Rosinen und Radicchio gleichmäßig auf der Butter verteilen und zum Schluss die gerösteten Mandelblättchen darüberstreuen.

Das Butter-Board mit getoastetem Rosinenbrot oder Crackern zum Dippen servieren.

Das Butter-Board hält sich in Frischhaltefolie eingeschlagen im Kühlschrank 1–2 Tage, es schmeckt aber am besten, wenn man es sofort serviert. Das Brot und die Cracker halten sich in einem luftdicht verschließbaren Behältnis bei Zimmertemperatur 2–3 Tage.

FÜR 12 PERSONEN
(JEWEILS 2 SANDWICHES)

SAFTIGE SANDWICHBRÖTCHEN MIT „GOOD GRAVY!“-SAUCE

In den Vereinigten Staaten von Amerika entstand in den 1920er-Jahren die Redewendung „Good gravy!“. Was wörtlich übersetzt „gute Sauce“ heißt, bedeutet in etwa „Ach du liebe Zeit!“ und wird bis heute ausgerufen, wenn jemand seine Überraschung oder Verärgerung ausdrücken will.

Als Queenie das MACUSA-Hauptquartier mit Newt, Jacob und Tina in Newts Koffer verlässt, trifft sie auf ihren Vorgesetzten Abernathy, der sich wundert, dass sie schon geht. Queenie gibt vor, krank zu sein – aber er fragt weiter und will wissen, was in dem Koffer ist. Geistesgegenwärtig antwortet Queenie, darin sei nur Frauenkram. Das ist Abernathy sichtlich unangenehm, noch peinlicher berührt ist er aber, als Queenie ihm anbietet, einen Blick in den Koffer zu werfen. Seine Reaktion? „Good gravy!“

Dieser lustigen Szene sind unsere saftigen Sandwichbrötchen mit Hackbraten gewidmet, die man am besten stilecht mit leckerer „Good gravy!“-Sauce genießt.

ZUTATEN FÜR DEN HACKBRATEN

- 1 EL weiche Butter, plus 1 EL für die Form
- 1 Kilo Hackfleisch
- 125 g in feine Würfel geschnittene rote Zwiebel
- 2 Eier (L)
- 2 Knoblauchzehen, fein gehackt
- 2 EL fein gehackte frische Petersilie
- 125 g Semmelbrösel
- 80 ml Milch
- 1 TL Salz
- ½ TL frisch gemahlener Pfeffer
- ½ TL gemahlene Senfkörner
- ½ TL Paprikapulver
- 24 kleine Brötchen

FÜR DIE „GOOD GRAVY!“-SAUCE

- 1 kg Ketchup
- 2 EL Apfelessig
- 1 TL Paprikapulver
- 1 Knoblauchzehe, gehackt
- ½ TL frisch gemahlener bunter Pfeffer
- ¼ TL Salz

TIPP ✦ Das Geheimnis eines leckeren Hackbratens besteht darin, die Zutaten gut zu vermischen. Und am allerbesten schmeckt er einen oder sogar zwei Tage nach der Zubereitung!

ZUBEREITUNG DES HACKBRATENS

Den Backofen auf 190 °C vorheizen und eine Kastenform (13 x 23 cm) mit Butter einfetten.

Butter, Hackfleisch, Zwiebeln, Eier, Knoblauch, Petersilie, Semmelbrösel, Milch, Salz, Pfeffer, gemahlene Senfkörner und Paprikapulver in eine große Schüssel geben und gut vermischen. Anschließend 2–3 Minuten kräftig mit den Händen verkneten.

Die Mischung in die vorbereitete Form geben, gut festdrücken und 40–45 Minuten backen, bis die Oberfläche goldbraun ist und der Hackbraten sich leicht von den Seiten der Form löst.

Den Hackbraten aus dem Backofen nehmen, einige Minuten abkühlen lassen, in etwa 2,5 cm dicke Scheiben schneiden und diese vierteln.

„GOOD GRAVY!"-SAUCE

Ketchup, Apfelessig, Paprikapulver, Knoblauch, Pfeffer und Salz in eine große Schüssel geben und verrühren, bis alles gut vermischt ist.

SANDWICHBRÖTCHEN

Die Brötchen horizontal durchschneiden. Auf die unteren Hälften je eine Scheibe Hackbraten und 1 EL „Good gravy!"-Sauce geben. Dann die oberen Brötchenhälften darüberlegen.

Der Hackbraten und die „Good gravy!"-Sauce halten sich separat in luftdicht verschließbaren Behältnissen im Kühlschrank 3–4 Tage. Die Sandwichbrötchen halten sich in einem luftdicht verschließbaren Behältnis bei Zimmertemperatur 3–4 Tage.

„OH GOTT, BEWAHRE, NEIN!"

Abernathy

Phantastische Tierwesen und wo sie zu finden sind

„HÖRST DU WOHL AUF ZU ESSEN?! DEIN BESTER FREUND WIRD VERMISST, RON!"

„GANZ LOCKER. DREH DICH UM. DA IST ER, DU VERRÜCKTE."

Hermine Granger und Ron Weasley

Harry Potter und der Halbblutprinz

GF* ✦ ERGIBT: 12 STÜCK

RONS HIMBEERHÄUBCHEN

Als Harry in *Harry Potter und der Halbblutprinz* nach der Fahrt im Hogwarts-Express nicht mit den anderen Schülern die Große Halle betritt, macht Hermine ihren Sorgen Luft – und verpasst Ron, der gerade verträumt roten Wackelpudding löffelt, eine schallende Ohrfeige!

Für Schauspielerin Emma Watson, die Hermine verkörpert, war von Anfang an klar, dass Hermine und Ron füreinander bestimmt sind. „Ich war eigentlich immer davon überzeugt, dass es zwischen den beiden knistert“, erklärt sie. „Und diese Spannung war der Grund dafür, dass sie so viel streiten und sich gegenseitig so auf die Nerven gehen.“ Für Emma Watson war es daher nur folgerichtig, dass die beiden am Ende ein Paar wurden. „Gegensätze ziehen sich schließlich an!“

Das gilt auch für unsere fruchtig süßen Himbeerhäubchen mit sahniger Frischkäsecreme und knusprig salzigem Brezelboden. Sie sind von der Wackelpuddingszene in der Großen Halle inspiriert – und Ron hätte sie sicher mindestens genauso begeistert weggelöffelt wie den Wackelpudding!

ZUTATEN FÜR DIE HIMBEERHÄUBCHEN

1 EL Butter für die Form

3 Päckchen Götterspeisepulver mit Himbeergeschmack (alternativ mit Erdbeergeschmack)

280 g Tiefkühlhimbeeren (alternativ Tiefkühlerdbeeren)

FÜR DEN BREZELBODEN

70 g gehackte Salzbrezeln

125 g weiche Butter

3 EL Zucker

TIPP ✦ Für eine glutenfreie Version den Brezelboden weglassen.

ZUBEREITUNG DER HIMBEERHÄUBCHEN

Die Vertiefungen einer 12er-Muffinform mit Butter einfetten.

1 l Wasser in einen mittelgroßen Topf geben und erhitzen. Das Götterspeisepulver hineingeben und 2–3 Minuten unterrühren, bis es sich komplett aufgelöst hat. Die Himbeeren dazugeben, gut unterrühren und die Mischung anschließend in die Vertiefungen der Muffinform gießen, allerdings nicht ganz bis zum Rand füllen, sodass noch genug Platz für die Frischkäsecreme und den Brezelboden bleibt. Die Himbeerhäubchen mindestens 4 Stunden kalt stellen, bis sie fest sind.

BREZELBODEN

Salzbrezeln, Butter und Zucker in einen Standmixer geben und kurz mixen, bis eine grobe Mischung entsteht. Die Brezelmischung in eine kleine Schüssel geben.

FORTSETZUNG AUF SEITE 106

FORTSETZUNG VON SEITE 105

FÜR DIE FRISCHKÄSE-CREME

340 g Frischkäse

250 g Zucker

250 g Schlagsahne

1 Handvoll frisches Basilikum

FRISCHKÄSECREME

Frischkäse, Zucker und Schlagsahne in den Standmixer geben und mixen, bis eine glatte Creme entsteht.

Eine dünne Schicht Frischkäsecreme, dann eine etwas dickere Schicht Brezelmischung auf den Himbeerhäubchen verteilen.

Die Häubchen vorsichtig aus der Muffinform stürzen. Damit sie sich besser aus der Form lösen, das Spülbecken 2 cm hoch mit heißem Wasser füllen und die Form kurz hineinstellen.

Die Himbeerhäubchen mit frischem Basilikum bestreut servieren.

Die Himbeerhäubchen halten sich in einem luftdicht verschließbaren Behältnis im Kühlschrank 2–3 Tage.

V* ✦ ERGIBT: 6–8 SCHNITTCHEN

HAGRIDS KÜRBISSCHNITTCHEN

Als Harry, Ron und Hermine in *Harry Potter und der Gefangene von Askaban* Hagrid besuchen, sieht man auf dem Kürbisfeld vor Hagrids Hütte wunderschöne Winterkürbisse in leuchtendem Orange. Gut möglich, dass Hagrid auch andere Kürbissorten anbaute, etwa den herrlich nussigen Butternusskürbis.

Das Set mit Hagrids Hütte und dem Kürbisfeld befand sich in Schottland. Szenenbildner Stuart Craig fand die Umgebung und die Weite der Landschaft geradezu perfekt – bis die Dreharbeiten begannen und es ständig in Strömen regnete! Zugegeben, die „düstere Stimmung“, die die Regenwolken vermittelten, passten von der Atmosphäre her eigentlich ganz gut. Dennoch vermied es die Crew, länger als nötig an dem nasskalten Set zu drehen.

Unsere Kürbisschnittchen aus Blätterteig erinnern mit honigglasiertem Butternusskürbis, Frischkäse, frischem Salbei und knusprig gebratenem Speck an Hagrids Kürbisfeld – und Hagrid hätte seinen Gästen die kleinen Köstlichkeiten sicher stolz serviert!

- ½ Butternusskürbis, geschält, entkernt, geviertelt und in dünne Scheiben geschnitten
- 2 EL natives Olivenöl extra
- 1 EL Honig
- 1 Prise Salz
- 1 Prise frisch gemahlener bunter Pfeffer
- 2 EL gehackter frischer Salbei
- 250 g Blätterteig (aus dem Kühlregal)
- 1 Ei

Den Backofen auf 180 °C vorheizen und ein Backblech mit Backpapier auslegen.

Kürbisscheiben, Olivenöl, Honig, Salz, Pfeffer und Salbei in eine große Schüssel geben, gut vermischen und dann kurz ziehen lassen.

In der Zwischenzeit den Blätterteig in 6–8 etwa 5 x 10 cm große Rechtecke schneiden und diese auf das vorbereitete Backblech setzen. Das Ei in eine kleine Schüssel geben, leicht verquirlen und mit einem Backpinsel auf den Blätterteigrechtecken verteilen.

FORTSETZUNG AUF SEITE 109

„KOMMT REIN! TRINKT MIT MIR EINEN TEE!“

Rubeus Hagrid

Harry Potter und die Kammer des Schreckens

FORTSETZUNG VON SEITE 107

2 EL Frischkäse

2 Scheiben knusprig gebratener Speck, gehackt

TIPP ✦ Für eine vegetarische Version einfach den Speck weglassen.

Jeweils etwa 3 EL der Kürbismischung auf den Blätterteigrechtecken verteilen, den Frischkäse in kleinen Flöckchen daraufgeben und den gehackten Speck darüberstreuen. Zum Schluss die übrige Marinade aus der Schüssel mit der Kürbismischung darüberträufeln.

Die Kürbisschnittchen 40–45 Minuten backen, bis der Blätterteig wunderbar goldbraun und knusprig ist.

Die fertigen Kürbisschnittchen sofort servieren.

Die Kürbisschnittchen halten sich in einem luftdicht verschließbaren Behältnis im Kühlschrank 3–4 Tage.

FÜR 6 PERSONEN

TANTE PETUNIAS HACKBÄLLCHEN

In *Harry Potter und die Kammer des Schreckens* erwarten die Dursleys im Ligusterweg das Ehepaar Mason zum Abendessen. Harrys Onkel Vernon will unbedingt, dass der Abend gut läuft und „nichts Seltsames passiert", erklärte Richard Griffiths, der Vernon Dursley spielte. „Die Dursleys wollen Durchschnittsbürger sein und nicht auffallen – doch Harry macht das unmöglich. Was furchtbar für sie ist!" Obwohl Tante Petunia ein köstliches Abendessen vorbereitet hat, werden Onkel Vernons schlimmste Befürchtungen wahr: Der Abend endet in einer Katastrophe.

Unsere Hackbällchen eignen sich als Häppchen für verschiedenste Anlässe – und passen perfekt zum klassischen High Tea. Sie werden mit einer köstlichen Whiskyglasur beträufelt und mit fruchtigen Dips serviert. Als Garnitur für die Hackbällchen eignen sich kleine Ananasstücke, Cocktailkirschen und frische Ananasminze. Tante Petunia würde die Hackbällchen bestimmt auf einer separaten Platte anrichten, damit sich die austretende Flüssigkeit nicht mit den anderen Speisen vermischt.

ZUTATEN FÜR DIE HACKBÄLLCHEN

- 500 g Schweinehackfleisch
- 500 g Rinderhackfleisch
- 90 g zerbröselte Cracker
- 3 Eier
- 250 ml Milch
- 1 rote Paprika, in Würfel geschnitten
- 2 EL gemahlene Senfkörner
- 3 Knoblauchzehen, fein gehackt
- 2 EL frische Majoranblätter
- ½ TL Salz
- ½ TL frisch gemahlener Pfeffer

FÜR DIE GLASUR

- 150 g Pfirsich-, Ananas- oder Holunderkonfitüre
- 1 EL schottischer Whisky
- 1 EL Hähnchen- oder Gemüsebrühe

ZUM SERVIEREN

- 310 g Ananaskonfitüre
- 310 g Pfirsichkonfitüre
- 250 g Ketchup

„FINGER WEG, SPATZ, DEN GIBT'S, WENN DIE MASONS KOMMEN."

Petunia Dursley

Harry Potter und die Kammer des Schreckens

ZUBEREITUNG DER HACKBÄLLCHEN

Den Backofen auf 180 °C vorheizen und zwei Backbleche mit Backpapier auslegen.

Schweine- und Rinderhackfleisch, zerbröselte Cracker, Eier, Milch, Paprika, gemahlene Senfkörner, Knoblauch, 1 EL Majoran, Salz und Pfeffer in der Küchenmaschine oder in einer großen Schüssel mit den Händen vermischen. Wichtig ist, nicht zu lange zu rühren bzw. zu kneten, sonst werden die Hackbällchen zu kompakt.

Mit einem Löffel etwa 2,5 cm große Portionen abstechen, mit den Händen zu Kugeln formen und im Abstand von 2,5 cm auf die Backbleche setzen.

Die Hackbällchen etwa 1 Stunde backen, bis sie rundherum goldbraun sind.

GLASUR

Pfirsich-, Ananas- oder Holunderkonfitüre, Whisky und Brühe in einen kleinen Topf geben und zum Kochen bringen. Dann die Temperatur etwas reduzieren und die Glasur etwa 15 Minuten sanft köcheln lassen, bis sie leicht eindickt.

Die Hackbällchen mit der Glasur beträufeln, mit dem restlichen Majoran (1 EL) bestreuen und mit Ananas- und Pfirsichkonfitüre sowie Ketchup zum Dippen servieren.

Die glasierten Hackbällchen halten sich in einem luftdicht verschließbaren Behältnis im Kühlschrank 3–4 Tage.

GF* ✦ ERGIBT:
18 MINIHOTDOGS

TINA GOLDSTEINS NO-MAJ-HOTDOGS MIT HONIG-SENF-SAUCE

In *Phantastische Tierwesen und wo sie zu finden sind* trifft Newt Scamander vor der Steen National Bank auf die frühere Aurorin Tina Goldstein. Tina beobachtet Mary Lou Barebone, die Vorsitzende der Bewahrenden Gesellschaft des neuen Salem, die gerade in einer flammenden Rede die Entlarvung und Auslöschung der Zauberer fordert – während sie in einen Hotdog beißt.

Tinas Schwester Queenie kocht und backt leidenschaftlich gern. Daher haben die Grafikdesigner Miraphora Mina und Eduardo Lima in der Wohnung der Schwestern zahlreiche Koch- und Backbücher verteilt, darunter auch eins mit No-Maj-Rezepten – und dem Rezept für Queenies Apfelstrudel. Neben den Büchern entwarf das Designerduo Mina und Lima auch die Etiketten der Zutaten, die Queenie verwendet.

Unsere No-Maj-Hotdogs werden mit einer leckeren Honig-Senf-Sauce serviert. Darum unbedingt Servietten bereitlegen – falls den Gästen, wie es Tina passiert ist, Senf im Gesicht klebt!

ZUTATEN FÜR DIE HOTDOGS

500 g Pizzateig (aus dem Kühlregal)

18 Cocktailwürstchen

TIPP ✦ Für eine glutenfreie Variante kann man die Würstchen ohne Brötchen auf Bambusspieße gesteckt servieren.

FÜR DIE HONIG-SENF-SAUCE

2 EL gemahlene Senfkörner

1 EL ganze Senfkörner

3 EL Honig

¼ TL Apfelessig

½ TL Kurkuma

¼ TL Salz

¼ TL frisch gemahlener schwarzer Pfeffer

„ENTSCHULDIGUNG, SIE HABEN DA ETWAS AUF …"

Newt Scamander zu Tina Goldstein

Phantastische Tierwesen und wo sie zu finden sind

ZUBEREITUNG DER HOTDOGS

Den Backofen auf 180 °C vorheizen und zwei Backbleche mit Backpapier auslegen.

Den Pizzateig in etwa 5 cm große Stücke teilen und daraus 18 kleine ovale Hotdog-Brötchen formen.

Die Brötchen auf eines der vorbereiteten Backbleche geben und etwa 10–15 Minuten backen, bis sie goldbraun sind.

Die Würstchen auf das zweite Backblech geben und etwa 30 Minuten backen, bis sie goldbraun sind.

Die Hotdogbrötchen und die Würstchen aus dem Backofen nehmen und 2–3 Minuten abkühlen lassen. Anschließend die Brötchen mit einem Sägemesser horizontal bis etwa zur Hälfte einschneiden.

HONIG-SENF-SAUCE

Gemahlene und ganze Senfkörner, Honig, Apfelessig, Kurkuma, Salz und Pfeffer in eine große Schüssel geben und mit einem Löffel verrühren.

In jedes Hotdogbrötchen ein Cocktailwürstchen sowie etwa 1 TL Honig-Senf-Sauce geben.

Die Hotdogbrötchen halten sich in einem luftdicht verschließbaren Behältnis bei Zimmertemperatur 3–4 Tage. Die Würstchen halten sich in einem luftdicht verschließbaren Behältnis im Kühlschrank 2–3 Tage. Die Honig-Senf-Sauce hält sich in einem luftdicht verschließbaren Behältnis im Kühlschrank 2–3 Wochen.

FÜR 8 PERSONEN

RONS „SCHLUCK SCHNECKEN!"-CHAMPIGNONS

In *Harry Potter und die Kammer des Schreckens* zerbricht Rons Zauberstab bei einem Zusammenstoß mit der Peitschenden Weide. Ron klebt ihn zwar mit Zauberband, aber sein Zauberstab führt fortan ein Eigenleben. Das wird deutlich, als Draco Hermine beleidigt. Ron will ihn in die Schranken weisen, deutet mit dem Zauberstab auf Draco und ruft „Schluck Schnecken!" – was leider nach hinten losgeht, denn daraufhin spuckt Ron selbst drei schleimige Schnecken aus.

„Ich musste mir diese riesigen Schnecken in den Mund stecken und mit viel Schleim wieder ausspucken!", grinst Rupert Grint alias Ron, als er sich an eine der Lieblingsszenen erinnert. Die drei Plastikschnecken erhielten sogar Namen: Monty, Vincent und Ethel. Und der Schleim war mit Schokoladen-, Zitronen-, Orangen- und Pfefferminzaroma versetzt, was ihn wesentlich weniger eklig machte!

Auch Schnecken sind eigentlich nicht eklig, in Frankreich gelten sie als Delikatesse! Wir füllen sie in Champignons, die wir auf einer Schneckenplatte anrichten. Mit kleinen Bambusspießen kann man die Leckereien mit einem Bissen verspeisen!

- 2 EL natives Olivenöl extra
- 220 g Schnecken (aus der Dose), abgegossen und fein geschnitten
- 130 g Krabbenfleisch (frisch oder aus der Dose), gegebenenfalls abgegossen
- 2 EL gehackte rote Zwiebel
- 1 EL in feine Würfel geschnittene rote Paprika
- 1 EL Semmelbrösel
- ¼ TL gemahlene Senfkörner
- 40 g gehackte frische Petersilie (ohne Stiele)
- 125 ml Pinot Grigio oder ein anderer trockener Weißwein
- 1 frische Zitrone
- ½ TL frisch gemahlener bunter Pfeffer
- ¼ TL Salz
- 1 EL Butter (Zimmertemperatur) für die Form
- 24 mittelgroße Champignons
- 2 EL geriebener Parmesan
- 1 Zitrone, in etwa 6 mm dünne Spalten geschnitten

Den Backofen auf 180 °C vorheizen.

Das Olivenöl in eine Pfanne geben und bei mittlerer Temperatur erhitzen. Schnecken, Krabbenfleisch, Zwiebeln, Paprika, Semmelbrösel, gemahlene Senfkörner, 30 g Petersilie, Pinot Grigio, den Saft von ½ Zitrone, Pfeffer und Salz dazugeben, alles gut verrühren und dann unter gelegentlichem Umrühren etwa 30 Minuten sanft köcheln lassen.

Eine Tarteform (ø 23 cm) oder eine quadratische Backform (20 x 20 cm) mit Butter einfetten.

Die Champignons mit einer Pilzbürste säubern und dann die Stiele vorsichtig aus den Kappen drehen. Die Champignonkappen mit der Oberseite nach unten in die vorbereitete Form setzen.

Die Vertiefungen der Champignonkappen (wo vorher die Stiele waren) mit reichlich Schneckenmischung füllen – wie viel genau, hängt von der Größe der Champignons ab.

Die gefüllten Champignons mit Parmesan bestreuen und dann 30–40 Minuten backen, bis die Füllung und die Champignons goldbraun sind.

Die gefüllten Champignons mit der restlichen Petersilie (10 g) bestreuen und mit Zitronenspalten zum Beträufeln servieren.

Die Champignons halten sich in einem luftdicht verschließbaren Behältnis im Kühlschrank 1–2 Tage, am besten schmecken sie aber, wenn man sie sofort serviert.

„SCHLUCK SCHNECKEN!"

Ron Weasley

Harry Potter und die Kammer des Schreckens

V ✦ ERGIBT: 4 BROTE

AUS JACOB KOWALSKIS BÄCKEREI: ZAUBERHUTBROTE MIT KRÄUTERBESEN

Nachdem Jacob Kowalskis Erinnerungen an seine Abenteuer in der Zauberwelt in *Phantastische Tierwesen und wo sie zu finden sind* gelöscht wurden, eröffnet er seine Bäckerei. Auffällig ist dabei, dass seine Waren immer wieder eine gewisse Ähnlichkeit mit Tierwesen wie Demiguises, Nifflern, Erumpents und Occamys aufweisen, die es in der Muggelwelt nicht gibt. „Das sind unterdrückte Erinnerungen, die zum Vorschein kommen, wenn er in der Backstube steht", erklärt Requisiteur Pierre Bohanna. „Es sind zwar keine *echten* Brote", sagt er über die aus Kunstharz gegossenen Backwaren, „aber es sind *echte* Kunstwerke."

Inspiriert von Jacobs magischen Broten, sind unsere Brote wie Zauberhüte geformt. Am besten serviert man sie einzeln auf kleinen Tellern samt Kräuterbutter und Kräuterbesen, mit denen man die Brote bepinseln kann. Die Kräuterbesen erinnern natürlich an Harrys hochmodernen Feuerblitz – nur dass die Borsten der Kräuterbesen aus Thymian, Dill und Estragon und die Stiele aus Rosmarin sind. Die frischen Kräuter verleihen der Butter und damit auch den Broten zusätzlich wunderbar intensive Aromen.

ZUTATEN FÜR DIE ZAUBERHUTBROTE

500 g Pizzateig (aus dem Kühlregal)

155 g Mehl

1 EL weiche Butter zum Bepinseln

FÜR DIE KRÄUTERBESEN

je 4 etwa 10 cm lange frische Rosmarinzweige

je 4 etwa 5 cm lange frische Estragon-, Dill- und Oreganozweige

16 etwa 13 cm lange frische Schnittlauchröllchen

ZUBEREITUNG DER ZAUBERHUTBROTE

Den Backofen auf 180 °C vorheizen.

Die Böden von zwei Alubackformen mit etwa 5 cm hohen Seitenwänden mit Backpapier auslegen.

Die Arbeitsfläche mit etwas Mehl bestäuben.

Den Pizzateig in vier Portionen teilen. Jede Portion zu einem länglichen Dreieck formen und die obere Spitze zur Seite knicken. An der gegenüberliegenden Seite etwa 2 cm über dem Rand mit einem scharfen Messer eine horizontale Kerbe in den Teig ritzen und leicht auseinanderziehen, sodass eine Hutkrempe entsteht. Oberhalb der Krempe weitere Kerben einritzen – dadurch sieht es nach dem Backen aus, als hätten die Hüte Falten. Die Zauberhüte mit Butter bepinseln, in die vorbereiteten Alubackformen geben und 15–20 Minuten backen, bis sie goldbraun sind.

Die Zauberhutbrote aus dem Backofen nehmen und in den Formen abkühlen lassen.

FORTSETZUNG AUF SEITE 119

FORTSETZUNG VON SEITE 117

FÜR DIE KRÄUTER-BUTTER

250 g Butter
1 Knoblauchzehe, gehackt
1 EL frischer Estragon
1 EL gehackter frischer Dill
1 EL gehackter frischer Oregano
1 EL gehackter frischer Schnittlauch

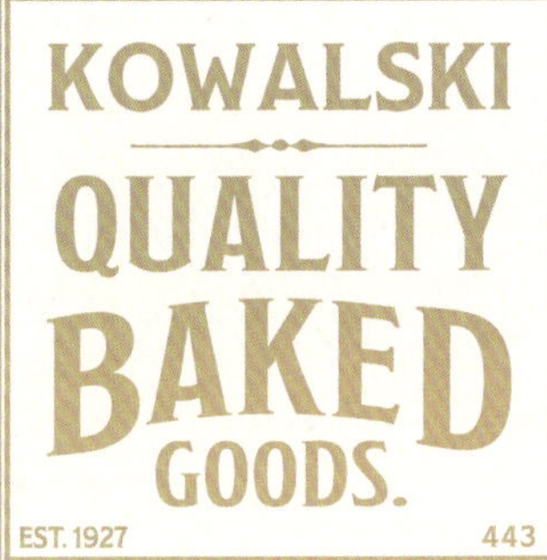

KRÄUTERBESEN

Die Rosmarinnadeln zu zwei Dritteln von den Zweigen abzupfen. An dem Ende, an dem sich nun noch Rosmarinnadeln befinden, jeweils einen Zweig Estragon, Dill und Oregano platzieren.

Die Schnittlauchröllchen in ein feuchtes Küchenpapier einschlagen, für etwa 20 Sekunden in die Mikrowelle geben und dann die Kräuter-„Borsten“ mit jeweils vier Schnittlauchröllchen an die Zweige binden. Jeweils ein Zauberhutbrot und einen Kräuterbesen auf einen Teller geben.

KRÄUTERBUTTER

Kurz vor dem Servieren die Butter in eine mikrowellenbeständige Schüssel geben und in der Mikrowelle zerlassen. Knoblauch, Estragon, Dill, Oregano und Schnittlauch unterrühren und die Kräuterbutter zu den Broten reichen.

Die Zauberhutbrote halten sich in einem luftdicht verschließbaren Behältnis bei Zimmertemperatur 3–4 Tage. Die Kräuterbesen halten sich in einem luftdicht verschließbaren Behältnis im Kühlschrank 2–3 Tage. Die Kräuterbutter hält sich in einem luftdicht verschließbaren Behältnis im Kühlschrank 6–7 Tage.

„WO NEHMEN SIE NUR IHRE IDEEN HER, MR KOWALSKI?“

„WENN ICH DAS WÜSSTE, WENN ICH DAS WÜSSTE. DIE KOMMEN EINFACH ÜBER MICH.“

Kundin zu Jacob Kowalski

Phantastische Tierwesen und wo sie zu finden sind

ERGIBT: 24 MINIQUICHES

MOLLY WEASLEYS MINIQUICHES MIT WÜRSTCHEN UND GEGRILLTEN TOMATEN

Laut Julie Walters, die in den Filmen Molly Weasley verkörpert, ist Molly „eine ganz normale Mutter, die zufällig auch eine Hexe ist. Sie ist unglaublich liebevoll und in vielerlei Hinsicht die realistischste von allen Harry-Potter-Figuren." Für Julie Walters ist Molly auch immer „eine Verfechterin des Guten in der Welt: Liebe, Familie und Menschlichkeit".

Unsere Miniquiches erinnern mit Frühstückswürstchen und gegrillten Tomaten an die Aromen des berühmten englischen Frühstücks, das Molly Weasley sicher auch für ihre Familie zubereitet. Quiches sind eine Spezialität der französischen Küche, wobei ihr Name auf ein altes deutsches Wort für Kuchen zurückgeht. So vielfältig wie die Geschichte dieser beliebten Spezialität sind auch die Zutaten, mit denen man leckere Quiches zaubern kann.

ZUTATEN FÜR DIE GEGRILLTEN TOMATEN

- 5 große Strauchtomaten
- 3 EL natives Olivenöl extra
- 2 Knoblauchzehen, fein gehackt
- 1 TL Meersalz
- ¼ TL frisch gemahlener schwarzer Pfeffer

TIPP ✦ Für Quiches eignet sich so gut wie jeder Käse, mit Emmentaler kommt man allerdings der klassischen französischen Quiche am nächsten.

Für eine glutenfreie Version die Quiches ohne Mürbeteigboden zubereiten.

ZUBEREITUNG DER GEGRILLTEN TOMATEN

Den Backofen auf 180 °C vorheizen.

Die Tomaten vierteln, auf ein Backblech geben, mit Olivenöl beträufeln, mit Knoblauch, Salz und Pfeffer bestreuen und dann 30–40 Minuten im Backofen rösten, dabei nach etwa 20 Minuten einmal wenden.

Die Tomaten aus dem Backofen nehmen, auf eine mit Küchentüchern ausgelegte Platte geben, vorsichtig abtupfen, um überschüssiges Öl zu entfernen, und dann abkühlen lassen.

FORTSETZUNG AUF SEITE 123

„KOMM, HARRY! JETZT WIRD ERST MAL GEFRÜHSTÜCKT. BITTE SCHÖN, HARRY. JETZT HAU REIN! SO IST ES GUT."

Molly Weasley

Harry Potter und die Kammer des Schreckens

FORTSETZUNG VON SEITE 121

FÜR DIE MINIQUICHES

- 2 Packungen Mürbeteig (à 300 g, aus dem Kühlregal)
- 500 g englische Frühstückswürstchen oder andere Würstchen
- 1 TL Öl
- 8 Eier (L)
- 500 ml Milch
- 240 g Sahne
- 125 g geriebener Emmentaler
- 125 g geriebener Parmesan
- 2 TL gemahlene Senfkörner
- 125 g in feine Würfel geschnittene rote Zwiebel
- 40 g gehacktes frisches Basilikum
- ¼ TL frisch gemahlener schwarzer Pfeffer
- 1 EL Butter für die Formen

✦ HINTER DER MAGIE ✦

„Obwohl sie durch und durch Hexe ist, hat sie auch etwas sehr Bodenständiges an sich", so Julie Walters über Molly Weasley.

MINIQUICHES

Die Mürbeteige auf die Arbeitsfläche geben und mit einem runden Ausstecher (ø 5 cm) 24 Teigkreise ausstechen.

Die Würstchen in eine große Gusseisenpfanne geben und bei mittlerer Hitze 8–10 Minuten mit etwas Öl unter Wenden anbraten, bis sie rundherum goldbraun sind.

Die Eier in eine große Schüssel geben und mit einer Gabel 1–2 Minuten verquirlen. Milch, Sahne, 60 g Emmentaler, Parmesan, gemahlene Senfkörner, Zwiebeln, 35 g Basilikum und Pfeffer dazugeben und unterrühren, bis alles gut vermischt ist. Die angebratenen Würste in etwa 6 mm dünne Scheiben schneiden und diese ebenfalls in die Schüssel geben. Schließlich die gegrillten Tomaten dazugeben und alles gut verrühren.

Die Vertiefungen von zwei 12er-Muffinformen mit Butter einfetten. In jede Vertiefung einen Mürbeteigkreis geben, die Ränder mit den Fingern hochziehen und die Böden mit einer Gabel mehrmals einstechen.

Die Quichefüllung auf den Teigkreisen verteilen und dann mit dem restlichen geriebenen Emmentaler (65 g) bestreuen.

Die Miniquiches 40–45 Minuten backen, bis die Eiermischung gestockt und der Käse goldbraun ist.

Die fertigen Miniquiches mit dem restlichen Basilikum (5 g) bestreuen.

Die Miniquiches halten sich in einem luftdicht verschließbaren Behältnis im Kühlschrank 3–4 Tage.

KAPITEL DREI

ZAUBERHAFTE SÜSSIGKEITEN, SNACKS UND GASTGESCHENKE

Jelly Slugs
LONDON TO HOGWARTS
for ONE WAY travel
Platform 9¾

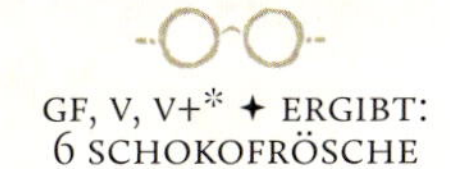

GF, V, V+* ✦ ERGIBT: 6 SCHOKOFRÖSCHE

SCHOKOFRÖSCHE

Schokofrösche sind in der Zaubererwelt äußerst beliebte Süßigkeiten. Die fünfeckigen Schachteln, in denen man die hüpfenden Leckerbissen kaufen kann, wurden von Grafikdesignerin Ruth Winick zusammen mit Szenenbildner Stuart Craig entworfen. „Stuart zeichnete ein Fünfeck und meinte, ich solle ‚historisch' denken", verrät Winick. So ließ sie sich von gotischer Architektur inspirieren: Auf den Schachteln sind Illustrationen zu sehen, die an die dreiflügeligen gotischen Fenster in Hogwarts erinnern. Die Grafikabteilung war außerdem auch dafür zuständig, sich Zutatenlisten, Werbeslogans und Ablaufdaten für die Süßigkeiten einfallen zu lassen.

Unsere selbst gemachten Schokofrösche werden mit Brombeerextrakt verfeinert – und das Beste an ihnen ist: Anders als bei Harry im Hogwarts-Express in *Harry Potter und der Stein der Weisen* hüpfen sie nicht davon, wenn man sie sich in den Mund stecken will!

370 g Schokoladenchips

2 EL Puffreis (Frühstücks-Cerealien)

1 TL Brombeerextrakt

BESONDERES ZUBEHÖR

Silikonform mit mindestens 6 froschförmigen Vertiefungen

Backspray

TIPP ✦ Für eine vegane Variante vegane Schokoladenchips verwenden.

„DAS SIND KEINE ECHTEN FRÖSCHE, ODER?"

„NEIN, DAS IST BLOSS EIN ZAUBER."

Harry Potter und Ron Weasley

Harry Potter und der Stein der Weisen

Die Schokoladenchips bei mittlerer Hitze über dem Wasserbad schmelzen, dabei immer wieder umrühren, bis sie geschmolzen sind. Alternativ die Schokoladenchips in eine mikrowellenbeständige Schüssel geben und etwa 1 Minute in der Mikrowelle erhitzen, dabei nach 30 Sekunden einmal gründlich umrühren. Den Puffreis und das Brombeerextrakt dazugeben und gut unterrühren, bis eine Mischung entsteht, die von der Konsistenz her an Keksteig erinnert.

Die Vertiefungen der Silikonformen mit Backspray einsprühen, überschüssiges Spray mit Küchenkrepp auftupfen oder abwischen.

Die Schokoladen-Puffreis-Mischung mit den Fingern in die Silikonformen drücken, sodass sie diese komplett ausfüllt und keine Löcher entstehen. Außerdem darauf achten, dass die Abschlussflächen möglichst gerade sind, damit die Frösche später stabil stehen.

Die Schokofrösche etwa 4 Stunden kalt stellen, bis sie fest geworden sind.

FORTSETZUNG AUF SEITE 128

FORTSETZUNG VON SEITE 127

Die fertigen Schokofrösche vorsichtig aus den Formen lösen. Am besten serviert man die Schokofrösche zusammen mit anderen Leckerbissen wie Professor Trelawneys Knusperecken (Seite 20), Garantiert fieberfreiem Karamellfudge (Seite 129), Surgito-Geleeherzen (Seite 133), Anti-Dementoren-Schokokugeln (Seite 136), Fliegenden Schokoschlüsseln (Seite 139) oder Dumbledores Holunderkonfekt (Seite 143) auf einer großen Servierplatte.

Die Schokofrösche halten sich in einem luftdicht verschließbaren Behältnis bei Zimmertemperatur 5–6 Tage.

✦ HINTER DER MAGIE ✦

Laut Etikett bestehen die Schokofrösche zu 70 Prozent aus feinstem „Croakoa“ – das ist eine Wortschöpfung aus den englischen Wörtern „croak“ (quaken) und „cocoa“ (Kakao).

GF, V ✦ ERGIBT: 24 WÜRFEL

GARANTIERT FIEBERFREIES KARAMELLFUDGE

In ihrem fünften Schuljahr beginnen Fred und George Weasley mit dem Verkauf von Nasch-und-Schwänz-Leckereien. Beißt man von einer Seite dieser Süßigkeiten ab, wird man sofort krank und kann den Unterricht verlassen, die andere enthält das Gegenmittel. Aber nicht nur Schüler kamen in den Genuss dieser „Köstlichkeiten": Fieberfondant, einer der Bestseller der Weasleys, wurde Argus Filch zum Verhängnis, als er in *Harry Potter und der Orden des Phönix* Dumbledores Armee ausspionierte.

In *Harry Potter und der Halbblutprinz* haben die Zwillinge dann ein eigenes Geschäft in der Winkelgasse – *Weasleys Zauberhafte Zauberscherze* –, wo sie neben Scherzartikeln auch jede Menge Süßes anbieten. Die Requisiteure fertigten diese „Süßigkeiten" aus 300 Litern Silikon in den abstoßendsten Farben an. Unsere Karamellwürfel mit Schokominzaroma sind dagegen äußerst ansehnlich und garantieren fieberfreien Genuss, der jedem, der sie verzehrt, ein Lächeln auf die Lippen zaubert!

- 750 g Zucker
- 185 g Butter
- 160 ml Kondensmilch
- 150 g Minzschokoladenchips
- 250 g Milchschokoladenchips
- 200 g Marshmallowcreme
- 60 g Minimarshmallows
- 1 TL Pfefferminzextrakt
- 1 EL frische Schokoladenminzblätter

„HEREINSPAZIERT! HEREINSPAZIERT! WIR HABEN KOLLAPSKEKSE, NASENBLUTNUGAT, UND RECHTZEITIG ZUM SCHULANFANG HABEN WIR KOTZPASTILLEN!"

Fred und George Weasley

Harry Potter und der Halbblutprinz

Eine rechteckige Backform (23 x 30 cm) mit Backpapier auslegen, dabei darauf achten, dass das Backpapier die Form komplett bedeckt. Für etwas größere Würfel eine quadratische Backform (20 x 20 cm) verwenden.

Zucker, Butter und Kondensmilch in einen mittelgroßen Topf geben und bei hoher Temperatur erhitzen. Die Mischung unter ständigem Umrühren etwa 4 Minuten kochen und karamellisieren lassen, dann den Topf von der Hitze nehmen. Minz- und Milchschokoladechips dazugeben und mit einem Löffel zügig unterrühren, bis sie geschmolzen sind. Anschließend die Marshmallowcreme, dann Minimarshmallows und Pfefferminzextrakt dazugeben und rühren, bis alles gut vermischt ist.

Die Karamellmischung in die vorbereitete Backform geben und etwa 4 Stunden fest werden lassen. Anschließend in 24 mundgerechte Würfel schneiden und mit ganzen oder in feine Streifen geschnittenen Schokoladenminzblättern garniert servieren.

Die Karamellwürfel halten sich in einem luftdicht verschließbaren Behältnis bei Zimmertemperatur 2–3 Wochen.

„IHR GROSSVATER HAT TAUBEN GEHALTEN? MEINER HATTE EULEN GEZÜCHTET. ICH HAB ES GELIEBT, SIE ZU FÜTTERN."

Queenie Goldstein zu Jacob Kowalski

Phantastische Tierwesen und wo sie zu finden sind

GF, V ✦ ERGIBT: 18–20 PORTIONEN IN KLEINEN SCHÄLCHEN / 4–6 PORTIONEN IN EINMACHGLÄSERN.

GROSSVATER GOLDSTEINS EULEN-KNABBERMIX

Nachdem Queenie Newt, Tina und Jacob aus dem MACUSA-Hauptquartier geschmuggelt hat, wo sie der Direktor für magische Sicherheit gefangen gehalten hatte, finden sich die vier auf einem New Yorker Dach mit einem Taubenschlag wieder – und Jacobs Erzählungen aus der Vergangenheit wecken bei Queenie schöne Erinnerungen.

Queenie und Tina Goldsteins Eltern starben früh an Drachenpocken. „Die beiden sind alles, was sie an Familie haben", sagt Alison Sudol, die Queenie verkörpert. Obwohl sie sehr unterschiedlich sind, „ist es für Queenie einfach, Tina zu lieben. Man muss nicht beweisen, wie sehr man jemanden liebt, wenn man ihn genug liebt, und genau so ist es bei Tina und Queenie."

Dieser Knabbermix mit getrocknetem Obst und gerösteten Nüssen ist vom Großvater der Goldstein-Schwestern inspiriert: Er war ein bekannter Eulenzüchter – und daher enthält der Knabbermix Zutaten, die sowohl Menschen als auch Eulen schmecken! Man kann ihn zum Tee oder zu Drinks servieren oder als Gastgeschenk in kleine Einmachgläser füllen.

- 125 g Walnusshälften
- 170 g Mandeln
- 120 g Cashewkerne
- 35 g gefriergetrocknete Erdbeeren
- 35 g gefriergetrocknete Heidelbeeren
- 50 g getrocknete Mango, in etwa 12 mm große Stücke geschnitten
- 95 g getrocknete Aprikosen, in etwa 12 mm große Stücke geschnitten
- 185 g Honig
- 1 EL Butter, zerlassen
- 1 EL frische Thymianblätter
- ¼ TL Meersalz
- ¼ TL frisch gemahlener bunter Pfeffer

Den Backofen auf 180 °C vorheizen und ein Backblech mit Backpapier auslegen.

Walnüsse, Mandeln, Cashewkerne, Erdbeeren, Heidelbeeren, Mango- und Aprikosenstücke, Honig, Butter, Thymian, Salz und Pfeffer in eine große Schüssel geben und gut vermischen.

Die Mischung gleichmäßig auf dem vorbereiteten Backblech verteilen und 20–25 Minuten backen, bis die Erdbeeren an den Rändern leicht goldbraun sind.

Den fertigen Knabbermix aus dem Backofen nehmen und auf dem Backblech auf Zimmertemperatur abkühlen lassen.

Der Knabbermix hält sich in einem luftdicht verschließbaren Behältnis bei Zimmertemperatur 2–3 Wochen.

„SURGITO!"

Newt Scamander

Phantastische Tierwesen: Grindelwalds Verbrechen

GF, V ✦ ERGIBT:
24 GELEEHERZEN

SURGITO-GELEEHERZEN

Als Queenie Goldstein und Jacob Kowalski in *Phantastische Tierwesen: Grindelwalds Verbrechen* ihn in London besuchen, stellt Newt schnell fest, dass mit Jacob etwas nicht stimmt: Er bestreut seine Hand statt des Essens mit Salz, und als Queenie sagt, dass sie heiraten werden, kippt er sich sein Getränk ins Gesicht!

„Jacob ist unnatürlich fröhlich", sagt Dan Fogler, der Jacob spielte. „Er ist ganz eindeutig *zu* fröhlich, was, wie sich herausstellt, daran liegt, dass Queenie Jacob verzaubert hat." Und zwar wortwörtlich: mit einem Liebeszauber. Als Newt Jacob mit dem Zauberspruch *Surgito* von Queenies Liebeszauber befreit, steigt ein leuchtend rotes Herz über seinem Kopf auf.

Unsere Geleeherzen mit Himbeer-, Kirsch- oder Erdbeergeschmack sind von dem Aufhebezauber *Surgito* inspiriert, der das leuchtend rote Herz zum Vorschein brachte. Man kann sie in einer hübschen Schale anrichten, mit anderen Köstlichkeiten auf einem Teetablett arrangieren oder den Gästen hübsch verpackt als Gastgeschenk überreichen.

- 1 Päckchen Gelatine
- 2 Päckchen Götterspeisepulver mit Kirsch-, Himbeer- oder Erdbeergeschmack
- 310 g Kirsch-, Himbeer- oder Erdbeerkonfitüre

BESONDERES ZUBEHÖR

- Silikonform mit herzförmigen Vertiefungen (ø 5 cm)
- Backspray

125 ml Wasser in einen kleinen Topf geben und zum Kochen bringen. Gelatine, Götterspeisepulver und Konfitüre dazugeben und unter ständigem Rühren etwa 4 Minuten köcheln lassen, bis die Mischung leicht eindickt.

Die Vertiefungen der Silikonform mit Backspray einsprühen, dabei überschüssiges Spray mit Küchenkrepp auftupfen oder abwischen.

Die Geleemischung mit einem Löffel in die herzförmigen Vertiefungen füllen.

Die Silikonform in den Kühlschrank stellen und die Geleeherzen etwa 1 Stunde fest werden lassen.

Die Geleeherzen vorsichtig aus der Form nehmen, dazu wenn nötig mit einem Messer vorsichtig zwischen den Geleeherzen und den Seitenwänden der Form entlangfahren, bis sie sich lösen.

Die Geleeherzen in einer Schale oder auf einer Servierplatte anrichten. Alternativ einige Geleeherzen in eine kleine Zellophantüte geben, diese mit einem hübschen Band zubinden und den Gästen als Gastgeschenk überreichen.

Die Geleeherzen halten sich in einem luftdicht verschließbaren Behältnis im Kühlschrank 5–6 Tage.

„EIN GEFRORENES ASCHWINDERINNENEI!"

Newt Scamanders Angebot an Gnarlak im Pub *Zum Blinden Schwein*

Phantastische Tierwesen und wo sie zu finden sind

GF, V ✦ ERGIBT:
12 EINGELEGTE EIER

EINGELEGTE ASCHWINDEREIER

Auf der Suche nach Newts Tierwesen in *Phantastische Tierwesen und wo sie zu finden sind* schlägt Tina vor, den Kobold Gnarlak aufzusuchen. Er ist der Besitzer des Pubs *Zum Blinden Schwein*, handelt aber auch mit Tierwesen und kann ihnen daher vielleicht weiterhelfen. Newt weiß, dass man Gnarlak für Informationen bezahlen muss, und bietet ihm zuerst Geld, dann ein Lunaskop und schließlich ein Aschwinderei an, eine potente Zutat für Liebestränke.

„Leute wie Gnarlak wissen einfach, wie man Geschäfte macht, und zwar ganz egal ob es sich beim Gegenüber um einen hohen Beamten oder um einen gewöhnlichen Kriminellen handelt", sagt Ron Perlman, der den zwielichtigen Kobold verkörpert.

Eingelegte Eier („pickled eggs") waren früher ein beliebter Snack in Pubs, und diese Version mit Weißweinessig, Lorbeerblättern und Wacholderbeeren, die von Newts Aschwinderei inspiriert ist, hätte auch gut in Gnarlaks Pub *Zum Blinden Schwein* gepasst. Am besten serviert man die eingelegten Eier in einer flachen Schale oder man gibt ein paar als Gastgeschenk in ein hübsches Einmachglas.

- 250 g Zucker
- 250 ml Weißweinessig
- 2 Lorbeerblätter
- 10 Wacholderbeeren
- 5 Nelken
- 12 hart gekochte Eier
- 1 große Rote Bete, in etwa 2,5 cm große Stücke geschnitten

✦ HINTER DER MAGIE ✦

Gnarlak verliert das Interesse an dem Aschwinderei, als er Newts Bowtruckle Pickett (vom englischen „pick" für „Schloss knacken") entdeckt.

Zucker, Weißweinessig, 250 ml Wasser, Lorbeerblätter, Wacholderbeeren und Nelken in einen mittelgroßen Topf geben, gut umrühren und einmal aufkochen lassen. Die Temperatur etwas reduzieren und die Mischung köcheln lassen.

In der Zwischenzeit die Eier pellen und mit den Rote-Bete-Stücken in eine große Schüssel oder in ein großes Einmachglas geben, mit der Gewürzmischung übergießen und mindestens 1 Tag im Kühlschrank ziehen lassen.

Die Eier aus dem Sud nehmen, vierteln und auf einer großen Servierplatte mit anderen Leckerbissen, etwa Durmstrang-Schiffchen mit Schopska-Salat (Seite 77), Boot-Häppchen mit Salade niçoise (Seite 80), Rons Miniteesandwiches (Seite 83), Tante Petunias Hackbällchen (Seite 110) oder Tina Goldsteins No-Maj-Hotdogs mit Honig-Senf-Sauce (Seite 112) servieren. Alternativ 2–3 eingelegte Eier samt Sud in ein hübsches Einmachglas geben und den Gästen als Gastgeschenk überreichen.

Im Sud halten sich die eingelegten Eier im Kühlschrank 1–2 Monate.

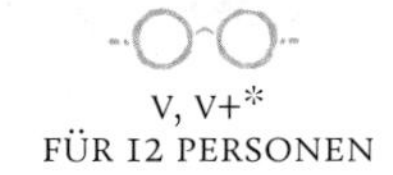

V, V+*
FÜR 12 PERSONEN

ANTI-DEMENTOREN-SCHOKOKUGELN

Laut Professor Remus Lupin entziehen Dementoren ihren Opfern schöne Gefühle und glückliche Erinnerungen. Bei ihrem ersten Erscheinen in *Harry Potter und der Gefangene von Askaban* haben sie besonders großen Einfluss auf Harry, da er nur wenige glückliche Kindheitserinnerungen hatte, bevor er nach Hogwarts kam.

Für Alfonso Cuarón, den Regisseur von *Harry Potter und der Gefangene von Askaban,* war es wichtig, dass sich die Dementoren sehr deutlich von allen anderen Figuren in den Filmen unterscheiden. Zu einem Großteil geschah das über ihre Bewegungen. Cuarón sagte den Digitalkünstlern, dass sich die Dementoren erhaben und königlich bewegen sollten, und beschrieb sie als „eine Macht, die man nicht aufhalten kann. Und ich glaube, so haben wir wirklich Furcht einflößende Kreaturen geschaffen".

Unsere knusprigen Schokokugeln sind so lecker, dass sie viele gute Erinnerungen schaffen – perfekt, um nach einem Dementorenangriff schnell wieder auf die Beine zu kommen!

- 120 g Kokosraspel
- 1360 g Schokoladenchips
- 2 EL weiche Butter
- 125 g getrocknete Chow-Mein-Nudeln
- 1 EL Meersalzflocken

TIPP ✦ Für eine vegane Variante vegane Schokolade und pflanzliche Butter verwenden.

Den Backofen auf 180 °C vorheizen und ein Backblech mit Backpapier auslegen.

Die Kokosraspeln auf das vorbereitete Backblech geben und etwa 8 Minuten rösten, bis sie leicht Farbe annehmen, dabei nach 3 Minuten einmal umrühren. Die gerösteten Kokosraspeln herausnehmen und abkühlen lassen.

Schokoladenchips und Butter in eine mikrowellenbeständige Schüssel geben und in der Mikrowelle schmelzen, dabei alle 20 Sekunden umrühren, bis die Schokolade komplett geschmolzen ist.

Die Chow-Mein-Nudeln und die gerösteten Kokosraspeln zur Schokoladen-Butter-Mischung geben und gut unterrühren.

✦ HINTER DER MAGIE ✦

Eine Möglichkeit, sich gegen die furchtbaren Dementoren zu wehren, bietet der Zauber *Expecto Patronum:* Er erzeugt eine positive Kraft, die die Dementoren in die Flucht schlägt.

Ein Stück Backpapier auf die Arbeitsfläche geben. Mit einem Eisportionierer kleine Kugeln von der Schokoladen-Nudel-Kokos-Mischung abstechen und auf das Backpapier geben. Die Kugeln mit Meersalzflocken bestreuen und mindestens 1 Stunde fest werden lasssen. Die fertigen Schokokugeln auf einer Servierplatte mit anderen Leckerbissen, wie etwa Professor Trelawneys Knusperecken (Seite 20), Schokofröschen (Seite 127), Garantiert fieberfreiem Karamellfudge (Seite 129), Surgito-Geleeherzen (Seite 133), Fliegenden Schokoschlüsseln (Seite 139) oder Dumbledores Holunderkonfekt (Seite 143), servieren.

Die Schokokugeln halten sich in einem luftdicht verschließbaren Behältnis bei Zimmertemperatur 2–3 Wochen.

„DEMENTOR! DEMENTOR!"

Draco Malfoy möchte Harry Potter ärgern

Harry Potter und der Gefangene von Askaban

„MERKWÜRDIG, SOLCHE VÖGEL HAB ICH NOCH NIE GESEHEN."

„DAS SIND KEINE VÖGEL, DAS SIND SCHLÜSSEL. UNI EINER DAVON PASST MIT SICHERHEIT IN DIE TÜR."

Hermine Granger und Harry Potter

Harry Potter und der Stein der Weisen

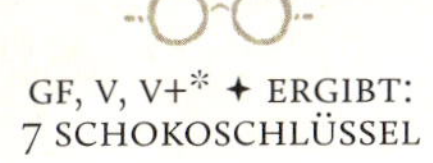

GF, V, V+* ✦ ERGIBT: 7 SCHOKOSCHLÜSSEL

GEFLÜGELTE SCHOKOSCHLÜSSEL

In *Harry Potter und der Stein der Weisen* müssen Harry, Hermine und Ron auf dem Weg zum Stein der Weisen drei Aufgaben erfüllen. Hermine besteht die erste, da sie weiß, was gegen die Teufelsschlinge hilft. Harry gelingt es dank seines unglaublichen Talents auf dem Besen, einen geflügelten Schlüssel zu fangen, mit dem sich die schwere Holztür öffnen lässt. Und Ron spielt die laut Dumbledore „beste Schachpartie, die in Hogwarts seit vielen Jahren gespielt wurde".

Die animierten geflügelten Schlüssel sollten Furcht einflößend und bedrohlich wirken. Dabei waren ihre Bewegungen ein wichtiger Faktor: Im Film bewegen sie sich synchron wie ein Vogelschwarm, der ständig um Harry herumwirbelt, während er auf dem Besen durch den Raum jagt, um den richtigen Schlüssel zu finden.

Alles andere als Furcht einflößend sind unsere geflügelten Schokoschlüssel. Sie haben ein tolles Himbeeraroma, das perfekt mit der leicht bitteren Schokolade harmoniert, ihnen eine fruchtige Leichtigkeit verleiht und sie einfach unwiderstehlich macht!

370 g Schokoladenchips
1 EL Himbeerextrakt
14 essbare Flügel

BESONDERES ZUBEHÖR

Silikonform mit schlüsselförmigen Vertiefungen
Backspray

TIPP ✦ Für eine vegane Version vegane Schokolade verwenden.

Die Schokoladenchips bei mittlerer Hitze über dem Wasserbad schmelzen oder in eine mikrowellenbeständige Schüssel geben und etwa 1 Minute in der Mikrowelle erhitzen, dabei nach 30 Sekunden einmal gründlich umrühren. Das Himbeerextrakt dazugeben und gut unterrühren.

Die Vertiefungen der Silikonform mit Backspray einsprühen, überschüssiges Spray mit Küchenkrepp auftupfen oder abwischen.

Die Schokolade so in die Silikonform gießen, dass die Vertiefungen komplett gefüllt sind und keine Löcher entstehen. Außerdem darauf achten, dass die Abschlussflächen möglichst eben sind, damit die Schlüssel später flach liegen.

FORTSETZUNG AUF SEITE 140

FORTSETZUNG VON SEITE 140

Die Schokoschlüssel etwa 4 Stunden kalt stellen, bis sie fest geworden sind.

Die fertigen Schlüssel vorsichtig aus der Form drücken.

Die Spitze eines Messers erhitzen, seitlich kleine Schlitze in die Schlüssel schmelzen und die essbaren Flügel hineinstecken.

Wer will, kann an jedem Schlüssel noch ein hübsches Band befestigen und die geflügelten Schokoschlüssel als Dekoration „fliegen“ lassen.

Die Schokoschlüssel halten sich in einem luftdicht verschließbaren Behältnis bei Zimmertemperatur 2–3 Wochen.

GF, V, V+
ERGIBT: 10 LUTSCHER

ROTE LUTSCHER, FAST WIE IM HONIGTOPF

Anders als die anderen Drittklässler in *Harry Potter und der Gefangene von Askaban* erhält Harry keine Erlaubnis für einen Besuch in Hogsmeade. Dank der Karte des Rumtreibers und seines Tarnumhangs gelingt es ihm dennoch, ins Dorf zu kommen. Dort gelangt er unbemerkt in den *Honigtopf* – wo er Neville Longbottom einen kleinen Streich spielt und den knallroten Lutscher stibitzt, den Neville sich gerade in den Mund stecken will!

Im *Honigtopf* gibt es neben den unzähligen mit Süßigkeiten gefüllten Gläsern, die sich vor den hellgrünen Wänden auf Regalen mit zuckerwattefarbenen Verzierungen stapeln, übrigens auch zwei magische Süßigkeitenautomaten: Bei einem kommen essbare Augäpfel aus dem Mund eines Skeletts, bei dem anderen sieht man einen Mann mit langen Haaren und einem langen Bart aus Lakritzschnüren, die freche Hauselfen abschneiden.

Unsere roten Lutscher erinnern an den von Neville – allerdings schmecken sie nicht nach Blut wie der im *Honigtopf*, sondern lecker nach Himbeer! Am besten richtet man sie auf einem Tablett an und stellt es in der Nähe der Tür auf, sodass die Gäste sich beim Nachhausegehen einen Lutscher mitnehmen können.

Backspray
375 g Zucker
100 g Maissirup
½ TL Weinsteinpulver
2 TL Himbeerextrakt
10 Tropfen rote Lebensmittelfarbe

BESONDERES ZUBEHÖR

Zuckerthermometer
Silikonform für 10 Lutscher
10 etwa 5 cm lange Lutscherstäbchen (gibt es oft als Zubehör zu den Silikonformen)

Die Vertiefungen der Silikonform mit Backspray einsprühen und diese auf ein Backblech stellen.

Zucker, 180 ml Wasser, Maissirup und Weinsteinpulver in einen großen Topf geben und bei mittlerer Temperatur erhitzen, bis die Mischung eine Temperatur von 65 °C erreicht. Die Mischung von der Hitze nehmen, dann das Himbeerextrakt und die Lebensmittelfarbe unterrühren, bis die Mischung gleichmäßig rot ist und keine Schlieren mehr zu sehen sind.

Mit einem Löffel jeweils etwa 1 TL der Zuckermischung in die Vertiefungen der Silikonform geben und jeweils ein Stäbchen in die vorgesehene Vertiefung der Form legen, sodass es zu mindestens zwei Dritteln hinausragt. Die Lutscher etwa 45 Minuten hart werden lassen, dann aus der Silikonform nehmen, jeweils ein kleines Stück Cellophanfolie um die Lutscher wickeln und unten um das Stäbchen zusammendrehen, sodass die Lutscher hübsch verpackt sind.

Die Lutscher halten sich in einem luftdicht verschließbaren Behältnis bei Zimmertemperatur 3–5 Wochen.

GF, V
ERGIBT: 24 STÜCK

DUMBLEDORES HOLUNDERKONFEKT

Es ist kein Geheimnis, dass Dumbledore eine Schwäche für Süßes hat: So lautet das Passwort zu seinem Büro immer nach seiner aktuellen Lieblingssüßigkeit, und es findet sich immer eine Schale mit Süßem – zum Beispiel Lakritzschnapper – auf seinem Schreibtisch. Vermutlich wäre unser Holunderkonfekt genau das Richtige für einen Tee mit Dumbledore.

Alle Süßigkeiten, die in den Harry-Potter-Filmen zu sehen sind, wurden für die Dreharbeiten von den Requisiteuren hergestellt. Für *Weasleys Zauberhafte Zauberscherze* gossen sie mehrere Tausend Silikonbonbons. Und für Bill und Fleurs Hochzeit in *Harry Potter und die Heiligtümer des Todes – Teil 1* kreierten sie viertausend Törtchen und Petits Fours – neben der spektakulären vierstöckigen Hochzeitstorte!

Unser feines Holunderkonfekt wäre auch bei diesem festlichen Anlass sicher nicht fehl am Platz gewesen, denn es zergeht einem förmlich auf der Zunge!

- 310 g Holunderkonfitüre
- 1 EL Honig
- 1 Päckchen Gelatine
- 125 g Zucker
- 1 EL Butter
- 125 g Puderzucker

Eine kleine Backform mit Backpapier auslegen und darauf achten, dass das Backpapier die Form komplett bedeckt.

Konfitüre, Honig, Gelatine, Zucker und Butter in einen mittelgroßen Topf geben und bei hoher Temperatur unter ständigem Umrühren etwa 4 Minuten erhitzen, bis eine zähflüssige Mischung entsteht.

Die Mischung in die vorbereitete Backform gießen und mindestens 4 Stunden fest werden lassen.

Die Mischung anschließend mit einem Messer in etwa 2,5 cm große Würfel schneiden.

Den Puderzucker in eine flache Schale geben. Die Geleewürfel im Puderzucker wenden, bis sie rundum bedeckt sind, und dann über Nacht in einem luftdicht verschließbaren Behältnis kalt stellen. Am nächsten Tag kann man das Konfekt in einer hübschen Schale anrichten.

Dumbledores Holunderkonfekt hält sich in einem luftdicht verschließbaren Behältnis im Kühlschrank 1–2 Wochen. Am besten nimmt man es 1 Stunde vor dem Servieren aus dem Kühlschrank, damit es Zimmertemperatur annimmt.

„ACH, HARRY, BEDIEN DICH RUHIG MIT EINER HANDVOLL LAKRITZSCHNAPPERN, WÄHREND ICH WEG BIN. ABER SEI GEWARNT, SIE SIND ZIEMLICH SCHARF."

Albus Dumbledore

Harry Potter und der Feuerkelch

KAPITEL VIER

JEDE MENGE MAGISCHES GEBRÄU

GF, V ✦ ERGIBT: 1 PORTION (PRO TEESORTE)

TEE NACH ART DES HAUSES

Die Hogwarts-Schüler sind stolz auf ihre Häuser – und die vier Hausfarben sind überall zu sehen, sei es in Form der Hausabzeichen an den Schuluniformen oder auf Schals und Fahnen bei Quidditch-Spielen. In der Großen Halle sind die Hausfarben in Form von vier großen Stundengläsern präsent, mit denen die Hauspunkte gezählt werden, die die Schüler während des Schuljahres sammeln können. Am Jahresende erhält das siegreiche Haus den Hauspokal. Die Stundengläser, die in den Filmen zu sehen sind, waren voll funktionstüchtig, und es wurde immer darauf geachtet, dass sich zu Beginn des Schuljahres alle Glasperlen im oberen Behältnis befanden, da noch keine Punkte vergeben worden waren.

Mit unseren vier Tees kann sich jeder Harry-Potter-Fan die Hogwarts-Hausfarben in die eigenen vier Wände holen: Das Rot der Duftgeranien erinnert an Gryffindor; der gelbe Ingwertee mit Honig symbolisiert Hufflepuff; Schmetterlingserbsenblüten sorgen für ein kräftiges Ravenclaw-Blau; und der grüne Minztee steht für Slytherin. Dazu passen am besten die Petit-Four-Schnitten in den Hogwarts-Hausfarben (Seite 65)!

ZUTATEN FÜR DEN HUFFLEPUFF-TEE MIT HONIG UND INGWER

1 EL gehackter frischer Ingwer

¼ EL Kleehonig

5 Tropfen gelbe Lebensmittelfarbe

FÜR DEN RAVENCLAW-TEE MIT SCHMETTERLINGSERBSENBLÜTEN

1 EL getrocknete Schmetterlingserbsenblüten

¼ TL Zitronensaft

¼ TL Honig

ZUBEREITUNG DES HUFFLEPUFF-TEES

Eine Teetasse mit heißem Wasser füllen. Den Ingwer in einem Teesieb in die Tasse geben und etwa 2 Minuten ziehen lassen. Dann den Honig und die Lebensmittelfarbe dazugeben und mit einem kleinen Löffel gut verrühren.

RAVENCLAW-TEE

Eine Teetasse mit heißem Wasser füllen. Die Schmetterlingserbsenblüten in einem Teesieb in die Tasse geben und etwa 1 Minute ziehen lassen. Dann den Zitronensaft und den Honig dazugeben und mit einem kleinen Löffel gut verrühren.

FORTSETZUNG AUF SEITE 149

„FÜNF PUNKTE GEWINNT JEDER VON IHNEN FÜR GRYFFINDOR. FÜR UNVERSCHÄMTES GLÜCK!"

Minerva McGonagall zu Harry Potter und Ron Weasley

Harry Potter und der Stein der Weisen

FORTSETZUNG VON SEITE 147

FÜR DEN SLYTHERIN-TEE MIT ZITRONE UND MINZE

1 EL gehackte frische Minzblätter

½ dünne Zitronenscheibe

1 Tropfen grüne Lebensmittelfarbe

FÜR DEN GRYFFINDOR-TEE MIT DUFTGERANIEN UND ERDBEEREN

1 EL zerkleinerte getrocknete Duftgeranienblätter

1 Tropfen rote Lebensmittelfarbe

1 frisches Duftgeranienblatt

3 gefriergetrocknete Erdbeerscheiben

SLYTHERIN-TEE

Eine Teetasse mit heißem Wasser füllen. Die Minzblätter in einem Teesieb in die Tasse geben und etwa 2 Minuten ziehen lassen. Dann die Zitronenscheibe und die Lebensmittelfarbe dazugeben und mit einem kleinen Löffel gut verrühren.

GRYFFINDOR-TEE

Eine Teetasse mit heißem Wasser füllen. Die Duftgeranienblätter in einem Teesieb in die Tasse geben und etwa 1 Minute ziehen lassen. Dann die Lebensmittelfarbe dazugeben und mit einem kleinen Löffel gut verrühren. Schließlich das frische Duftgeranienblatt und die gefriergetrockneten Erdbeeren hineingeben.

✦ HINTER DER MAGIE ✦

Für die Stundengläser waren Zehntausende Glasperlen nötig, was in Großbritannien zu einem Glasperlenengpass führte!

WHO WIL
ASK D.SH
TOKEN
WITH
SHAMAN
an owl!
MAGICAL SY

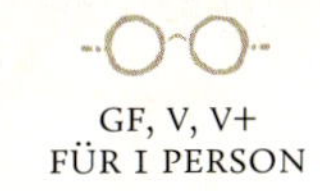

GF, V, V+
FÜR 1 PERSON

VERHEXTER WHISKY SOUR

Der Cocktail *Whisky Sour* erfreute sich schon im New York der 1930er-Jahre großer Beliebtheit. Unsere Version des süß-sauren Klassikers wird zu Ehren einer besonders geheimnisvollen Figur aus der Zauberwelt, der Ginger Witch, mit Ingwer zubereitet.

Um die Seiten des *Tagespropheten* zu füllen, verfassten die Grafikdesigner Miraphora Mina und Eduardo Lima unter anderem Artikel über Quidditch-Spiele, Lesungen und Wettbewerbe – und immer wieder auch über die mysteriöse Ginger Witch, die von den 1920er- bis in die 1990er-Jahre ihr Unwesen trieb. Zum ersten Mal wird in *Harry Potter und der Gefangene von Askaban* von ihr berichtet, sie sorgte aber bereits in der Zeit von *Phantastische Tierwesen und wo sie zu finden sind* für Angst und Schrecken.

ZUTATEN FÜR DEN INGWERSIRUP

125 g Zucker
1 EL gehackter frischer Ingwer

FÜR DEN WHISKY SOUR

60 ml schottischer Whisky
30 ml frischer Zitronensaft

ZUM GARNIEREN

½ dünne Zitronenscheibe
1 Cocktailkirsche

✦ HINTER DER MAGIE ✦

Man warf der Ginger Witch unter anderem Perückendiebstahl vor, und sie war der Grund für eine Rückrufaktion von Bertie Botts Bohnen. Letztlich wurde sie bei einem Muggelfußballspiel gefasst.

ZUBEREITUNG DES INGWERSIRUPS

Zucker, 125 ml Wasser und Ingwer in einen kleinen Topf geben und bei hoher Temperatur unter ständigem Umrühren erhitzen, bis sich der Zucker komplett aufgelöst hat. Die Temperatur etwas reduzieren und die Mischung etwa 30 Minuten sanft köcheln lassen, bis sie leicht eindickt. Den Sirup durch ein feines Sieb in eine große Schüssel gießen.

WHISKY SOUR

Eine Cocktailschale zu etwa zwei Dritteln mit Eiswürfeln füllen. Den Whisky, etwa ein Viertel des Ingwersirups und den Zitronensaft dazugeben und alles mit einem Barlöffel gut verrühren.

Die Zitronenscheibe und die Cocktailkirsche auf einen Bambusspieß stecken und als Garnitur in den Whisky geben.

Der Ingwersirup eignet sich toll zum Aromatisieren von Tee, Cocktails und Desserts. Er hält sich in einem luftdicht verschließbaren Behältnis im Kühlschrank 2–3 Tage.

„ERMITTLUNG GEGEN MYSTERIÖSE GINGER WITCH“

Der Tagesprophet, November 1926

Phantastische Tierwesen und wo sie zu finden sind

GF, V ✦ FÜR 1 PERSON

NIFFLER-MALZMILCH

Der Niffler Teddy wurde in *Phantastische Tierwesen und wo sie zu finden sind* zum absoluten Publikumsliebling. In *Phantastische Tierwesen: Grindelwalds Verbrechen* geht Teddy Newt zwar immer wieder ziemlich auf die Nerven, der Niffler erweist sich aber auch als sehr nützlich: Er stiehlt die Phiole, die den Blutschwur des Nichtbekämpfens zwischen Dumbledore und Gellert Grindelwald enthält, sodass Dumbledore endlich gegen den bösen Zauberer vorgehen kann.

Für das Aussehen und das Verhalten des Nifflers ließen sich die Macher von Maulwürfen, Schnabeltieren und Ameisenigeln inspirieren. Unter anderem sahen sie sich Videos an, die zeigen, wie die Tiere ihre Pfoten benutzen. „Außerdem haben wir tolle Aufnahmen von einem Honigdachs gefunden", verrät Visual-Effects-Designer Christian Manz. „Er durchwühlt auf der Suche nach Essbarem unermüdlich unzählige Schränke. So sind verschiedene Verhaltensweisen aus dem Tierreich in die Darstellung des Nifflers eingeflossen, und meiner Meinung nach ist er genau deshalb so gut geworden."

Die köstliche Malzmilch wäre eine würdige Belohnung für Teddy nach dem Phiolendiebstahl gewesen – und die Schokoladenstreusel erinnern an sein dunkles Fell!

ZUTATEN FÜR DIE MALZMILCH

2 EL Schokoladensirup

1 EL Schokoladenstreusel (siehe Tipp)

250 ml Milch

45 g Malzmilchpulver

FÜR DIE SCHLAGSAHNE

125 g Schlagsahne

1 TL Zucker

½ TL Zitronensaft

TIPP ✦ Am besten verwendet man Zartbitterstreusel – sie kommen der Fellfarbe des Nifflers am nächsten.

ZUBEREITUNG DER MALZMILCH

Den Schokoladensirup in einen tiefen Teller geben, den Rand eines etwa 300 ml fassenden Glases hineintauchen und mehrmals im Sirup hin- und herdrehen, bis der Rand rundherum mit Sirup bedeckt ist. Die Schokoladenstreusel auf einen zweiten Teller geben und das Glas mit dem Schokoladensiruprand darin wenden, bis die Schokoladenstreusel den Rand rundherum bedecken.

Milch und Malzmilchpulver in ein Rührglas geben und mit einem Barlöffel etwa 2 Minuten kräftig rühren, bis sich das Malzmilchpulver komplett aufgelöst hat.

SCHLAGSAHNE

Sahne, Zucker und Zitronensaft in der Küchenmaschine oder in einer großen Schüssel mit dem Handrührgerät erst 2–3 Minuten auf niedrigster Stufe halbsteif schlagen – dann spritzt die Sahne nicht so sehr, wenn man stärker rührt. Anschließend auf die höchste Stufe schalten und die Sahne sehr steif schlagen.

Die Malzmilch in das Glas mit dem Schokoladenstreuselrand gießen und 2 EL Schlagsahne daraufgeben.

Die Malzmilch hält sich in einem luftdicht verschließbaren Behältnis im Kühlschrank 1–2 Tage.

GF, V
FÜR 16 PERSONEN

TREVORS GRÜNE KRÖTENBOWLE

Neville Longbottom bringt eine Kröte namens Trevor als Haustier mit nach Hogwarts. In *Harry Potter und der Stein der Weisen* verschwindet sie gleich zweimal spurlos! Während der Dreharbeiten schlüpften vier verschiedene Kröten in die Rolle des kleinen Ausreißers! In den Filmen ist am häufigsten die Kröte zu sehen, die zufälligerweise Harry hieß. Kröte Harry konnte es allerdings gar nicht leiden, gehalten zu werden, und versuchte immer wieder, auf andere Schauspieler zu springen. Matthew Lewis, der Neville verkörpert, mochte Kröte Harry trotzdem, da das Tier immer wieder für lustige Szenen sorgte.

Unsere grüne Krötenbowle ist Trevor und all seinen Krötendarstellern gewidmet. Am besten serviert man das Gebräu in einer Bowleschale, die den „Krötenteich" symbolisiert. Alternativ eignen sich auch Weingläser und Cocktailschalen.

2 l gekühlte Zitronen-Limetten-Limonade

45 g Brausepulver mit Apfelgeschmack

1 kg Eiswürfel

1 l Zitronen- oder Limettensorbet

BESONDERES ZUBEHÖR

Bowleschale und Kelle

Limonade und Brausepulver in einen großen Krug oder eine Bowleschale geben und 3–5 Minuten verrühren, bis sich das Brausepulver komplett aufgelöst hat.

Die Eiswürfel und das Zitronen- oder Limetten-Sorbet in einzelnen Kugeln dazugeben.

Dazu passen Professor Trelawneys Knusperecken (Seite 20), die man mit blatt- und blütenförmigen Ausstechern in Form von Seerosen ausstechen kann.

Die Bowle hält sich in einem luftdicht verschließbaren Behältnis im Kühlschrank 1–2 Tage.

DUMBLEDORES DRACHENDRINK

GF, V, V+ ✦ FÜR 1 PERSON / 4 PORTIONEN APFELBUTTER

In *Harry Potter und der Gefangene von Askaban* verwenden Harry und Hermine einen Zeitumkehrer, um Hagrids Hippogreif Seidenschnabel vor der angeordneten Hinrichtung zu retten. Als sich herausstellt, dass Seidenschnabel nirgendwo zu finden ist, wird der Henker weggeschickt, und Dumbledore bittet den Zaubereiminister Cornelius Fudge auf ein wärmendes Getränk in Hagrids Hütte.

„Es hieß, der Hippogreif sollte im Kürbisfeld sitzen", erinnert sich Creature Effects Supervisor Nick Dudman. „Ich meinte: ‚Das können wir machen.' Er sollte eine Kette um den Hals haben, an der die Kinder ziehen konnten. Ich meinte: ‚Auch das können wir machen.' Dann hieß es, Seidenschnabel sollte aufstehen und mit ihnen weggehen. Und ich sagte: ‚*Das* können wir leider nicht machen!'"

Dumbledores Drachendrink wäre genau das Richtige gewesen für den nasskalten Tag, an dem diese Szene gedreht wurde. Denn das Grog-ähnliche Getränk ist fast so heiß wie Drachenatem und wärmt die Kehle an eisigen Winterabenden.

ZUTATEN FÜR DIE APFELBUTTER

2 große Honeycrisp-Äpfel, geschält und in etwa 2,5 cm große Stücke geschnitten

2 EL brauner Zucker

Saft von 1 Zitrone

1 TL gemahlener Zimt

¼ TL geriebene Muskatnuss

FÜR DEN DRACHENDRINK

60 ml Brandy

½ TL frisch gepresster Zitronensaft

ZUM GARNIEREN

2 dünne Apfelscheiben

2 große Minzblätter

1 Zimtstange

ZUBEREITUNG DER APFELBUTTER

Apfelstücke, 250 ml Wasser, braunen Zucker, Zitronensaft, Zimt und Muskatnuss in einen kleinen Topf geben und unter ständigem Umrühren etwa 4 Minuten kochen lassen, bis die Mischung leicht eindickt. Die Hitze reduzieren und die Mischung etwa 40 Minuten sanft köcheln lassen.

Die Apfelbutter hält sich in einem luftdicht verschließbaren Behältnis im Kühlschrank 4–5 Tage.

DRACHENDRINK

Den Brandy, 60 ml heißes Wasser, den Zitronensaft und 1 EL Apfelbutter in eine Glastasse geben und gut verrühren. Die Apfelscheiben und die Minzblätter auf einen Bambusspieß stecken und auf den Glasrand legen. Die Zimtstange zum Umrühren in die Tasse geben.

„VERGESSEN SIE NICHT, DEN HIMMEL ABZUSUCHEN, MINISTER. MIR WÄRE JETZT NACH EINER SCHÖNEN TASSE HEISSEM TEE. ODER EINEM GROSSEN BRANDY."

Albus Dumbledore

Harry Potter und der Gefangene von Askaban

GF, V, V+ ✦ FÜR 1 PERSON

PROFESSOR TRELAWNEYS WAHRSAGETEE

In *Harry Potter und der Gefangene von Askaban* sollen die Schüler in Professor Trelawneys erster Unterrichtsstunde in Wahrsagen aus Teeblättern lesen. Ron deutet die Formen in Harrys Tasse so, dass Harry zwar leiden, aber sehr glücklich sein wird. Als Sybill Trelawney in Harrys Tasse blickt, erkennt sie hingegen den Grimm, einen riesigen Gespensterhund – und ein gefürchtetes Vorzeichen des Todes.

Bei unserem Tee sorgen Lindenblätter für ein tolles Aroma. Tatsächlich wurde Lindenblättertee im Laufe der Geschichte auch oft für Vorhersagen verwendet, und wenn man von einer Linde träumt, wird das als gutes Omen gedeutet. Wer die Tasse mit dem Wahrsagetee geleert hat, kann sich ja auch mal am Teeblätterlesen versuchen …

- 20 große getrocknete Lindenblätter
- 1 etwa 12 mm dünne Zitronenscheibe

Die Lindenblätter im Mörser fein zerkleinern und in ein Teesieb geben. Eine Teetasse zu drei Vierteln mit heißem Wasser füllen und das Teesieb sowie die Zitronenscheibe hineingeben.

Den Tee genießen – und im Anschluss aus den Teeblättern in der Tasse die Zukunft lesen!

✦ HINTER DER MAGIE ✦

„Ich glaube, sie hat eine echte Gabe", sagt Emma Thompson, die Trelawney spielte. „Aber wie alle, die so eine Gabe haben, muss sie das, was sie sieht, größer machen, als es ist." Dass Trelawneys Vorhersagen immer sehr düster klingen, soll Thompson zufolge dazu beitragen, „sie eindrücklicher wirken zu lassen".

„ZUNÄCHST KONZENTRIEREN WIR UNS AUF DIE TASSEOMANTIE, DIE KUNST, AUS TEEBLÄTTERN ZU LESEN. DAZU TAUSCHT IHR BITTE MIT DER PERSON EUCH GEGENÜBER DIE TASSEN AUS."

Sybill Trelawney

Harry Potter und der Gefangene von Askaban

V, V+* ✦ FÜR 1 PERSON

VERZAUBERTE HEISSE SCHOKOLADE

Als Newt und Jacob in *Phantastische Tierwesen und wo sie zu finden sind* in der Wohnung der Goldstein-Schwestern übernachten, bietet Tina ihnen vor dem Zubettgehen heiße Schokolade an. Während Jacob seine heiße Schokolade genießt, scheint Newt bereits zu schlafen. Aber kaum ist Tina weg, springt er aus dem Bett, steigt in seinen Koffer und bedeutet dem staunenden Jacob, ihm zu folgen. Der No-Maj ist fasziniert von Newts magischen Tierwesen.

Unsere Version der klassischen heißen Schokolade ist von Tinas Gute-Nacht-Getränk inspiriert, enthält aber einen Schuss Cointreau und eine geheimnisvolle Schokoladenkugel, in der Minimarshmallows und Glitzer versteckt sind. Am besten gießt man die heiße Milch erst am Tisch über die Kugeln und sagt *Ascendio*! – denn wenn die Schokolade schmilzt, steigen wie durch Zauberhand Marshmallows und Glitzer in der Milch auf, und die Gäste sind sicher ähnlich beeindruckt wie Jacob.

50 g Schokoladenchips

1 TL Butter

5 Minimarshmallows

¼ TL essbarer Goldstaub und essbarer Glitzer

250 ml Milch

1 EL Cointreau

1 TL Orangenabrieb

BESONDERES ZUBEHÖR

Silikonform mit halbkugelförmigen Vertiefungen (ø 5 cm)

TIPP ✦ Für eine vegane Variante statt Milch Wasser und statt Schokoladenchips Carobchips verwenden.

Schokoladenchips und Butter bei mittlerer Temperatur unter gelegentlichem Umrühren im Wasserbad schmelzen, bis eine glatte Mischung entsteht. Alternativ Schokolade und Butter in eine mikrowellenbeständige Schüssel geben und etwa 2 Minuten in der Mikrowelle erhitzen, dabei nach 1 Minute einmal gründlich umrühren.

Zwei Vertiefungen der Silikonform immer wieder mit geschmolzener Schokolade bepinseln, bis die Schokoladenschicht jeweils etwa 6 mm dick ist. Mit einem sauberen Buttermesser die Ränder glätten.

Die Schokoladenkugelhälften 10–15 Minuten im Kühlschrank fest werden lassen.

Die Schokoladenkugelhälften vorsichtig aus der Form nehmen und die Ränder mit einem in heißes Wasser getauchten Backpinsel bepinseln, sodass die Schokolade-Butter-Mischung wieder so weich wird, dass sich die Hälften zusammenkleben lassen.

Die Minimarshmallows mit dem essbaren Goldstaub und Glitzer in eine Hälfte geben, dann die zweite Hälfte der Schokokugel daraufsetzen und etwa 3 Minuten sanft zusammendrücken. Anschließend etwa 3 Minuten im Kühlschrank fest werden lassen.

Die Milch in einen kleinen Topf geben und bei hoher Temperatur erhitzen. Die Temperatur reduzieren und die Milch bis zum Servieren warmhalten.

Die Schokoladenkugel mit Cointreau und Orangenabrieb in eine große Tasse geben.

Die heiße Milch in eine Teekanne füllen und die Schokoladenkugel am Tisch damit übergießen.

Jetzt muss man nur noch kräftig rühren, bis die Schokoladenkugel sich aufgelöst hat – und wie beim *Ascendio*-Zauber steigen die Marshmallows zwischen Goldstaub und Glitzer in der heißen Milch nach oben!

„ICH DACHTE, VIELLEICHT MÖCHTEN SIE GERN WAS HEISSES TRINKEN?“

Tina Goldstein

Phantastische Tierwesen und wo sie zu finden sind

✦ HINTER DER MAGIE ✦

Die Unterseite von Newts Koffer sowie der darunterliegende Boden wurden entfernt und im Inneren wurde eine Leiter angebracht, auf der Eddie Redmayne nach unten steigen konnte. Beim von Dan Fogler gespielten Jacob half man mit ein paar Hüpfern und ein bisschen digitaler Filmmagie nach.

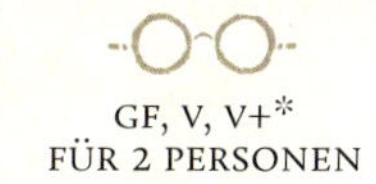

GF, V, V+*
FÜR 2 PERSONEN

„WAKEY-UP!"-EISKAFFEE MIT SCHUSS

Die amerikanische Zaubererzeitung *New York Ghost* wirbt in *Phantastische Tierwesen und wo sie zu finden sind* für ein stimulierendes Getränk namens „Wakey-up! Brew", das stärker sein soll als Muggelkaffee. Unser davon inspirierter Eiskaffee wird mit dem schottischen Likör Drambuie aromatisiert und kann problemlos mit dem magischen Muntermacher mithalten: Er holt einen verlässlich aus dem Nachmittagstief und ist perfekt für einen Royal Tea.

Die Zaubererzeitungen, die neben dem *Tagespropheten* in den Harry-Potter- und in den Phantastische-Tierwesen-Filmen zu sehen sind, wurden von der Grafikabteilung gestaltet. Die kreierte aber nicht nur Werbeanzeigen und Artikel, sondern trimmte auch das Papier auf alt. Damit die Zeitungen abgegriffen und authentisch wirkten, wurden sie in eine spezielle Kaffeemischung getaucht und dann zum Trocknen ausgelegt. Daher roch jede Zeitung, die in den Filmen zu sehen ist, immer ein bisschen nach Kaffee.

ZUTATEN FÜR DIE SCHLAGSAHNE

280 g Sahne

1 TL Zucker

Saft von ¼ frischen Zitrone

FÜR DEN KAFFEE

200 g Eiswürfel

120 ml Drambuie

500 ml Kaffee, auf Zimmertemperatur abgekühlt

ZUM GARNIEREN

2 frische Minzzweige

1 Prise essbarer Goldstaub und essbare Goldsterne

TIPP ✦ Für eine vegane Variante einen pflanzlichen Sahneersatz verwenden.

ZUBEREITUNG DER SCHLAGSAHNE

Sahne, Zucker und Zitronensaft in der Küchenmaschine oder in einer großen Schüssel mit dem Handrührgerät erst 2–3 Minuten auf niedrigster Stufe halbsteif schlagen – dann spritzt die Sahne nicht so sehr, wenn man stärker rührt. Anschließend auf die höchste Stufe schalten und die Sahne sehr steif schlagen.

KAFFEE

Zwei hohe Eiskaffeegläser bereitstellen. Die Gläser etwa zur Hälfte mit Eiswürfeln füllen, mit jeweils 60 ml Drambuie und 250 ml Kaffee aufgießen und schließlich jeweils 2 EL Schlagsahne draufgeben.

Den Kaffee mit frischen Minzzweigen, essbarem Goldstaub und essbaren Goldsternen garniert servieren.

„VERMUTLICH STÄRKER ALS NO-MAJ-KAFFEE!"

Werbung in
The New York Ghost
für „Wakey-up! Brew"

Phantastische Tierwesen und wo sie zu finden sind

„SIE WERDEN HEUTE EIN PAAR ZEILEN FÜR MICH SCHREIBEN, MR POTTER. NEIN, NICHT MIT IHRER EIGENEN FEDER. SIE WERDEN EINE GANZ SPEZIELLE BENUTZEN, EINE VON MEINEN.“

Dolores Umbridge

Harry Potter und der Orden des Phönix

GF, V, V+ ✦ FÜR 1 PERSON

PROFESSOR UMBRIDGES CHAMPAGNER-COCKTAIL MIT SCHWARZTEE UND HIMBEEREN

Während Professor Umbridge in *Harry Potter und der Orden des Phönix* in ihrem Büro auf Harry wartet, der nachsitzen muss, macht sie sich eine Tasse Tee. Sie gibt mehrere Löffel rosa Zucker hinein – und hält sich dann nicht an die korrekte Nachmittagstee-Etikette: Sie rührt nämlich im Kreis in der Tasse anstatt vor und zurück. Immerhin hält sie die Tasse aber korrekt, also mit festem Griff am Henkel, ohne den kleinen Finger abzuspreizen.

„Umbridge findet das absolut richtig", meint Imelda Staunton, die die Lehrerin spielte. Sie selbst hält es dagegen für falsch, Bestrafung als Mittel zum Unterrichten einzusetzen, und erinnert sich, dass sie sich nach dieser Szene schrecklich gefühlt hat.

Unser köstlicher Tee-Cocktail ist von Dolores Umbridges Lieblingsfarbe inspiriert und würde perfekt in ihr Büro passen. Wer's lieber alkoholfrei mag, kann den Champagner durch Zitronen-Limetten-Limonade ersetzen.

- 1 Eiswürfel
- 250 ml gekühlter Champagner oder Sekt
- 1 EL Schwarztee (bevorzugt Earl Grey, Zimmertemperatur)
- ½ TL Zucker
- 4 frische Himbeeren

Die Eiswürfel in ein Champagner- oder Weinglas geben.

Champagner und Schwarztee in ein Rührglas geben und mit einem Barlöffel verrühren.

Den Zucker und 2 Himbeeren in eine kleine Schüssel geben, die Himbeeren mit einem Löffel zerdrücken und die Mischung anschließend in das Rührglas geben.

Mit einem Barlöffel etwa 15 Mal umrühren, bis alles gut vermischt ist.

Den Cocktail in das Glas mit den Eiswürfeln gießen, die übrigen zwei Himbeeren auf einen Bambusspieß stecken und als Garnitur auf das Glas legen.

„ICH HABE IHN STUDIERT UND BIN ZIEMLICH SICHER, DASS SEIN GIFT SEHR HILFREICH SEIN KANN, WENN ES ENTSPRECHEND VERDÜNNT WIRD. FÜR DAS ENTFERNEN VON SCHLECHTEN ERINNERUNGEN, VERSTEHT SICH."

Newt Scamander

Phantastische Tierwesen und wo sie zu finden sind

GF, V, V+ ✦ FÜR 1 PERSON

STURZFALTER-COCKTAIL MIT HEIDELBEEREN UND MINZE

Newt hat auf der Suche nach Tierwesen die ganze Welt bereist und zahlreiche Geschöpfe gerettet, darunter auch einen Bösen Sturzfalter, der zwar Furcht einflößend aussieht, sich aber als sehr nützlich erweist. Nach einem Zwischenfall mit dem Obscurus Credence Barebone in New York im Jahr 1926 erinnert sich Newt, dass sich mit dem Gift des Sturzfalters die Erinnerungen all der Menschen löschen ließen, die Zeugen des Vorfalls wurden – und so verteilt Newts Donnervogel Frank das Gift mit einem Regenguss in ganz New York.

Bei der Gestaltung des Sturzfalters ließen sich die Creature Designer von Schmetterlingen und Fledermäusen inspirieren. Die Unterseiten seines Körpers und seiner Flügel gestalteten sie in einem satten Blau, und der Kopf erinnert an ein Nagetier mit scharfen Zähnen.

Unser Cocktail erinnert farblich an den blauen Sturzfalter und ist eine erfrischend-minzige Variante des Cocktail-Klassikers „Aviation". Die leichte Säure der Heidelbeeren harmoniert dabei perfekt mit dem süßen Veilchenlikör.

- 3 große Heidelbeeren
- 1 großer Zweig frische Minze
- 200 g Eiswürfel
- 60 ml Gin
- 7 ml Veilchenlikör
- 15 ml frischer Zitronensaft
- 1 Prise Zitronenabrieb
- 1 Prise essbarer Goldstaub und essbare Goldsterne

1 Heidelbeere und 3 Minzblätter im Mörser zerkleinern. Alternativ die Zutaten in eine Schüssel geben und mit einem Löffel zerdrücken.

Die Eiswürfel, den Gin, den Veilchenlikör, den Zitronensaft und die Heidelbeer-Minz-Mischung in einen Cocktailshaker geben und etwa 20 Mal kräftig schütteln.

Den Drink in eine Cocktailschale abseihen. Die übrigen zwei Heidelbeeren und ein paar Minzblätter auf einen Bambusspieß stecken und als Garnitur auf das Glas legen. Mit Zitronenabrieb, essbarem Goldstaub und essbaren Goldsternen bestreut servieren.

✦ MUGGELMAGIE ✦

Der Cocktail-Klassiker „Aviation" (Luftfahrt) wurde Anfang des 20. Jahrhunderts in New York kreiert. Mit seiner himmelblauen Farbe, die er dem Veilchenlikör verdankt, erinnert er an die glamourösen Anfangszeiten des Fliegens.

GF, V, V+ ✦ FÜR 1 PERSON

DÜSTERE LIMONADE NACH ART VON SEVERUS SNAPE

Professor Snape ist nicht nur sehr streng, sondern auch sehr zugeknöpft. Das ist schon an den vielen Knöpfen und der düsteren Farbe seiner Kleidung zu sehen. Die langen Knopfreihen – an der Jacke, den Ärmeln und sogar unten an der Hose! – wurden auf Wunsch von Alan Rickman angebracht, der Severus Snape verkörperte. Sein Kostüm sollte Snapes zurückgezogenes Leben symbolisieren. „Man weiß zwar nicht viel über ihn, aber es ist klar, dass er ein Einzelgänger ist", meinte Rickman. „Er hat nicht viele Freunde, führt kein aufregendes Leben – und hat offensichtlich nur einen Satz Kleider."

Wer weiß, vielleicht hat der düstere Snape, der die Hogwarts-Schüler in die Kunst der Zaubertränke einführt, in seiner Freizeit ja zur Abwechslung auch mal einen erfrischenden Trank kreiert. Wenn ja, könnte er so ausgesehen haben wie unsere zauberhafte Limonade.

60 g frische Heidelbeeren

1 TL Zucker

1 TL frische Salbeiblätter, plus 3 Blätter zum Garnieren

250 ml Mineralwasser

TIPP ✦ Diese alkoholfreie Limonade sieht toll aus und ist wunderbar erfrischend – und falls es zum Royal Tea einmal etwas berauschender sein soll, kann kann man statt Mineralwasser Sekt verwenden.

Die Hälfte der Heidelbeeren, den Zucker und die Salbeiblätter im Mörser zerkleinern.

Ein Longdrinkglas zur Hälfte mit Eiswürfeln füllen. Die Heidelbeer-Zucker-Salbei-Mischung und die restlichen Heidelbeeren (30 g) dazugeben, mit Mineralwasser aufgießen und mit einem Barlöffel gut umrühren. Die Limonade mit Salbeiblättern garniert servieren.

„ICH LEHRE IN DIESEM KURS, WIE MAN DEN KOPF VERHEXT UND DIE SINNE AUF EINE REISE SCHICKT."

Severus Snape zu den Erstklässlern im Zaubertrankunterricht

Harry Potter und der Stein der Weisen

ÜBERSICHT ÜBER GLUTENFREIE, VEGETARISCHE UND VEGANE REZEPTE

✦ DAS BEDEUTEN DIE KÜRZEL ✦

GF: glutenfrei
GF*: leicht glutenfrei zuzubereiten
V: vegetarisch
V*: leicht vegetarisch zuzubereiten
V+: vegan
V+*: leicht vegan zuzubereiten

ALLERLEI SÜSSE KÖSTLICHKEITEN

Hagrids Kürbis-madeleines ✦ V

Jacob Kowalskis polnische Pączki ✦ V

Hogwarts-taugliche Bratapfel-Scones mit Schlagsahne und Minze ✦ V

Professor Trelawneys Knusperecken ✦ V

Tante Petunias Spanische Windtorte ✦ GF, V

Feurige Drachen-Cupcakes ✦ V

Professor Umbridges Herzwaffeln ✦ V

Pariser Lavendel-Canelés ✦ V

Professor McGonagalls Zauberhüte ✦ V

Molly Weasleys Mini-trifles mit Rhabarber und Vanillecreme ✦ V

Windbeutel wie im Slug-Klub ✦ V

Aus Jacob Kowalskis Bäckerei: Occamy-Überraschungseier ✦ GF, V

Dumbledores Zitronenbrausebaisers ✦ V

Teegebäck à la Zirkus Arcanus ✦ V

Queenies Mini-Apfelstrudel mit Brandy-Butter-Sauce ✦ GF*, V

Professor Sprouts mysteriöse Gewächs-hausküchlein ✦ V

Orangen-Mandel-Quadrate à la Place Cachée ✦ V

Petit-Four-Schnitten in den Hogwarts-Hausfarben ✦ V

Teddys Goldmünzen-Kekse ✦ V

Schwebende Teekanne ✦ GF, V

HERZHAFTE HÄPPCHEN

Durmstrang-Schiffchen mit Schopska-Salat ✦ GF, V

Teesandwiches mit „Raben"-Spiegeleiern ✦ GF*

Boot-Häppchen mit Salade niçoise ✦ GF

Rons Mini-teesandwiches mit Mayo-Aufstrich und mit Eiersalat ✦ V

Erbsensuppe, fast wie im *Tropfenden Kessel* ✦ GF

Verboten gute Pilz-Blätterteig-Taschen ✦ V

Luna Lovegoods lauwarmer Radieschensalat ✦ GF, V

Fischküchlein à la Großer See ✦ GF

Heiligtümer-des-Todes-Zupfbrot ✦ V

Glasierte Putenkeulen wie in der Großen Halle ✦ GF

Bowtruckle-Butter-Board ✦ GF

Rons Himbeerhäubchen ✦ GF*

Hagrids Kürbis-schnittchen ✦ V*

Tante Petunias Hackbällchen ✦ GF

Tina Goldsteins No-Maj-Hotdogs mit Honig-Senf-Sauce ✦ GF*

Aus Jacob Kowalskis Bäckerei: Zauberhutbrote mit Kräuterbesen ✦ V

Molly Weasleys Miniquiches mit Würstchen und gegrillten Tomaten ✦ GF*

ZAUBERHAFTE SÜSSIGKEITEN, SNACKS UND GASTGESCHENKE

Schokofrösche ✦ GF, V, V+*

Garantiert fieberfreies Karamellfudge ✦ GF, V

Großvater Goldsteins Eulen-Knabbermix ✦ GF, V

Surgito-Geleeherzen ✦ GF, V

Eingelegte Aschwindereier ✦ GF, V

Anti-Dementoren-Schokokugeln ✦ V, V+*

Geflügelte Schokoschlüssel ✦ GF, V, V+

Rote Lutscher, fast wie im *Honigtopf* ✦ GF, V, V+

Dumbledores Holunderkonfekt ✦ GF, V

HEISSE UND KALTE DRINKS UND ANDERE MAGISCHE GEBRÄUE

Tee nach Art des Hauses ✦ GF, V

Verhexter Whisky Sour ✦ GF, V, V+

Niffler-Malzmilch ✦ GF, V

Trevors grüne Krötenbowle ✦ GF, V

Dumbledores Drachendrink ✦ GF, V, V+

Professor Trelawneys Wahrsagetee ✦ GF, V, V+

Verzauberte heiße Schokolade ✦ V, V+*

„Wakey-up!"-Eiskaffee mit Schuss ✦ GF, V, V+*

Professor Umbridges Champagnercocktail mit Schwarztee und Himbeeren ✦ GF, V, V+

Sturzfalter-Cocktail mit Heidelbeeren und Minze ✦ GF, V, V+

Düstere Limonade nach Art von Severus Snape ✦ GF, V, V+

HINWEISE ZUM FRITTIEREN

Denn sicher ist sicher!

- Am besten verwendet man eine Fritteuse – alternativ eignet sich ein großer Topf oder eine hochwandige, schwere Pfanne.
- Niemals zu viel Öl in den Topf zu geben! Außerdem immer bedenken, dass es spritzen kann, wenn man die Zutaten ins heiße Öl gibt.
- Nur zum Frittieren geeignetes Öl verwenden, am besten Raps-, Erdnuss- oder Pflanzenöl.
- Die Temperatur des Öls mit einem geeigneten Thermometer kontrollieren: Sie sollte zwischen 180 und 190 °C betragen.
- Nicht zu viele Zutaten gleichzeitig in das heiße Öl geben.
- Niemals feuchte Zutaten in das heiße Öl geben, dadurch kann es spritzen und zu Verbrennungen kommen.
- Unbedingt einen Deckel bereitlegen, falls das Öl überkocht oder zu brennen beginnt. Auch ein Feuerlöscher sollte in der Nähe sein.
- Den Topf niemals unbeaufsichtigt lassen. Auch Kinder niemals unbeaufsichtigt in die Nähe des heißen Öls lassen.
- Immer genügend Abstand zum heißen Öl halten!

REGISTER

Q

R

S

Teatime in Hogwarts – Köstliche Rezepte aus der Zauberwelt
Deutschsprachige Ausgabe 2024 durch die Panini Verlags GmbH,
Schloßstraße 76, 70176 Stuttgart
Verlagsleitung: Gabriele El Hag
Chefredaktion: Nicole Hoffart
Redaktion: Lisa Breitsameter
Übersetzung: Daniela Schmid
Lektorat: Claudia Weber
Produktion: Print Company Verlagsges.m.b.H.
Manufactured in China by Insight Editions
ISBN 978-3-8332-4423-0
www.paninishop.de

Die Deutsche Nationalbibliothek verzeichnet diese Publikation in der Deutschen Nationalbibliografie; detaillierte bibliografische Daten sind im Internet über http://dnb.d-nb.de abrufbar.

54-2333-9/01
Englischsprachige Originalausgabe 2024

PO Box 3088
San Rafael, CA 94912
www.insighteditions.com

Publisher: Raoul Goff
VP, Co-Publisher: Vanessa Lopez
VP, Creative: Chrissy Kwasnik
VP, Manufacturing: Alix Nicholaeff
VP, Group Managing Editor: Vicki Jaeger
Publishing Director: Jamie Thompson
Designer: Brooke McCullum
Senior Editor: Anna Wostenberg
Editorial Assistant: Sami Alvarado
Production Editor: Nora Milman
Production Associate: Deena Hashem
Senior Production Manager, Subsidiary Rights: Lina s Palma-Temena

Photographer: Ted Thomas
Food and Prop Stylist: Elena P. Craig
Assistant Food Stylist: Patricia Parrish
Photoshoot Art Director: Judy Wiatrek Trum
Illustrations: Paula Hanback

KONZEPTKUNST

Seite 8

Ron und Harry in *Harry Potter und die Kammer des Schreckens* im fliegenden Ford Anglia vor dem Fuchsbau, dem Zuhause der Weasleys. Illustriert von Andrew Williamson.

Seite 29

Der Ungarische Hornschwanz, der Harry für die erste Aufgabe des Trimagischen Turniers in *Harry Potter und der Feuerkelch* zugelost wird. Konzeptzeichnung von Paul Catling.

Seite 167

Der Böse Sturzfalter, sowohl im Kokon als auch mit vollständig geöffneten Flügeln. Studien des Künstlers Dan Baker für *Phantastische Tierwesen und wo sie zu finden sind.*